JN084882

Dear ボス トップの秘密 のぞき見バラエティ

広島テレビ放送 著

南々社

Dear
ボス
トップの秘密
のぞき見バラエティ

イントロダクション

広島県知事　湯﨑 英彦

広島の魅力あふれるボスたち

●なぜバラエティに出演？

これまで多くのテレビ番組に出演してきましたが、実はバラエティ番組のオファーを受けることは珍しく、久々でした。

県知事というと、普段あまり身近な存在ではないと思われているかもしれません。そこで、お笑いコンビの三四郎さんとの共演で、広島県のめざす姿などを楽しく分かりやすく、私自身の言葉で伝えることができれば、より県政を身近に感じてもらえると考え、出演を決めました。

●ボスに求められる姿勢とは？

これまで国家公務員として通産省で働き、その後民間企業の経営にも携わり、現在は県の責任者として、知事を務めています。この間、自分自身が大切にしてきたのは、「その時々にやるべきことをやり遂げる」ということです。

通産省を辞めて会社を立ち上げたのも、「国内で通信インフラをつくらなければならない」という使命感からでした。決して、元々役所を辞めたかったわけではありません（笑）。

また、知事の道を選んだのも、「故郷のためにやるべきことをやり遂げる」という考えからです。ボスには、「その時々にやるべきことをやり遂げる」という姿勢が求められるのではないでしょうか。

●チャレンジをやめない

今回掲載された11社のボスたちは、広島愛に燃え、「ピンチはチャンス」と、いつも前向きに事業に邁進(まいしん)し、「人のために」と自分の信念を貫き通す、素晴らしいリーダーたちです。ぜひ、それぞれの事業でチャレンジを続け、広島県に貢献していただきたいですね。

もちろん、私も皆さんを後方から支える形で、チャレンジしていきたいと考えています。

●元気な広島のために

「Ｄｅａｒボス」という番組は、会社などのトップに焦点をあてて、ボスの個性を深掘りする番組です。私も共演の三四郎さんからいろいろな突っ込みを受けました（笑）。広島が元気になるためには、多様な人が集まってさまざまな刺激を受けながら、イノベーションを起こしていくことが大切です。

今回書籍化にあたって、ぜひ多くの人に、広島の魅力あふれるボスたちから刺激を受けていただきたいと思います。

２０１９年12月

Dearボス　もくじ

Dear
6

※放送順で掲載しています（「特別編」は除く）。

※本書は、放送内容に追加取材をして構成しています。

今！最もアツイ

西田昌史さん

本格グルメ回転寿司の カリスマ

鮮コーポレーション 株式会社

代表取締役
西田 昌史さん

(放送日／2018年5月13日・20日)

世代を超えて愛される、今や国民食ともいえる回転寿司。鮮コーポレーション株式会社、代表取締役の**西田昌史**さんが展開する「すし鮮」「すし辰」は、〝本格グルメ回転寿司〟と称し、広島を代表する店へと駆け上がった。

なかでも「すし辰 緑井本店」(広島市安佐南区)は、年商3億円を叩き出し、行列のできる店として知られる人気店。2018年には、再開発で賑わいを増す広島駅ekieにも出店し、広島の玄関口で、国内だけでなく海外からの旅行客にも人気を博している。

現在、回転寿司を8店舗、焼肉店を2店舗、和食店を1店舗、そして母体となった鮮魚店を1店舗。すべて、広島県内で展開。広島で生まれ、広島で育った外食企業として地域に貢献している。

boss・profile

西田 昌史(にしだ・まさし)

1952年　庄原市で生まれる

1971年　「西田鮮魚店」に就職

1984年　「株式会社西田鮮魚店」(現 鮮コーポレーション株式会社)設立。代表取締役に就任

ヒットの秘密は⁉

三四郎　本格グルメ回転寿司って、普通の回転寿司とどう違うの？

ボス　初期の回転寿司は、物珍しさと一皿100円という安さが売り物でしたが、残念ながら店づくりも味もチープで、女性や子どもは入りづらい店がほとんどでした。それが平成になる頃からファミリーレストランのような外観に変わり、ボックス席が設けられ、デザートなどメニューも増え、家族で行けるようになったんです。私たちも「すし家族」という店を県北に5店舗構えました。

平成半ばに、全国で今の「すし鮮」「すし辰」のような〝グルメ回転寿司〟が生まれ、広がっていった。それまでの回転寿司との一番の違いは、皿の値段。一皿100円から500円、中には1000円近くの皿もあり、多様になった。

広島駅にある「すし辰」ekie店

ボス　その分、ネタの種類も豊富に、大きく、何より上質になって、お客さまに本物の寿司を提供できるようになりました。活気のある接客も喜ばれ、お店のつくりも日本料理店を思わせる、落ち着いた、たたずまいが主流になって、チープ感が払拭されたんです。それがお客さまの心をとらえ、1日に1000人来店されるような、超繁盛店も生まれました。

三四郎　お寿司を注文するタッチパネルがないのも気になりますね。これも戦略？

ボス　私たちも初めはタッチパネルを入れてみたのですが、それによってお客さまとの会話が減り、お店の活気がなくなりました。寿司屋の魅力の一つは店の活気です。そこで一店舗を除き、タッチパネルをなくしたんです。お客さまと言葉を交わす、コミュニケーションを大切にしたいのです。

三四郎　ほかにこだわっていることは？

ボス　私が一番大切にしているのは「時間」です。「鮮度」と言い換えてもいいのですが、寿司に限らず、基本的には料理は作りたてが一番でしょう。私たちの合言葉は「おいしい おいしい おいしそう」。そして「炊きたて 切りたて 握りたて」です。だから、セントラルキッチンは設けず、あえてお店でしゃり（ご飯）を炊き、魚をさばき、ネタを引き、握りたてを召し上がっていただくことに全力投球しています。

毎朝4時に広島の中央市場に出向き、この道30年の川戸部長が目利きして、その日のお勧めを決め、各店に配送する。日々のデータに加え、長年鍛えられた勘が働いてこその仕入れ。力量が試される。「利は元にあり」という言葉の実践が繁盛を支えている。

さらに、先代から数えると70年に渡って積み重ねられてきた市場の荷受け・仲買との信頼関係も、ものを言う。漁が少なく魚が揃わないときでも優先して回してもらえ、逆に大漁で余りそうなときは、無理を承知で余分に仕入れ、店ではお勧め皿としてサービス価格で販売することもある。

原点は庄原の鮮魚店

西田さんの生家は、中国山地のへそ、庄原市の小さな鮮魚店。高校卒業と同時に、父と母が営む、その「西田鮮魚店」に就職した。

一番大切にしているのは、「鮮度」です

三四郎 その鮮魚店が、ボスにとっての原点なんですね。

ボス 父と母とでやる鮮魚店ですから、貧しくもなかったけど、裕福でもなかった。子どもが4人。大学に行かせるのはしんどい状況だったとは思います。それに私は長男ですから、親父は跡を継がせたいわけです。でも、都会への憧れもあって、東京と京都の大学を受けました。ただし、「浪人はしない、落ちたら跡を継ぐ」という約束で。結局、高校3年間を小説ばかり読んで過ごしていた私の学力では、見事に全部不合格。後で聞いた話では、その時、親父は「それは良かった」と大喜びしたそうです。なんという親父かと……（笑）。

暗黒の10年

約束だからとやり始めたものの、学生気分は抜けず、仕事では両親に甘え放題。仕入れのない日は昼まで眠り、長靴で店に立つのが恥ずかしいから、サンダルで立ち、店が終われば近くのパチンコ店へ。そのうち、毎晩飲みに行くようになった。あの頃、1年でも2年でも他人の飯を食べていれば、もっとしっかりした人間になっていただろうと笑う。

三四郎　若い頃は先が見えないですしね。

ボス　そうですね。24、25歳の頃、夕方、いつものように自動販売機で買った缶コーヒーを飲みながら、道路の向こうからぼんやり店を眺めていました。その時、ふっと、「こんな日が一生続くのか。この小さな店を守り、この田舎の商店街で生きていく。これが自分の人生か」と思うと、たまらない寂しさと絶望感を感じました。

column ○ 1

私の成功の法則

令和になって、「時代の風」はまた大きく変わりました。「働き方改革」は「働きがい改革」であるべきだという人がいます。そして、その行きつく先は「生き方改革」ではないか。私もそう思います。

当社の経営理念は「新鮮な日々　鮮やかな人生を生きる」。経営理念そのものが「生き方改革」なのです。そして、時代の風、「働き方改革」。この風は会社が変わるチャンスと捉え、「広島県働き方改革実践企業」に認定していただき、「カイゼン」に取り組んでいます。

一方で、年中行事である富士登山、去年から始めたハワイのホノルルマラソンへの参加、成績優秀者や永年勤続者を対象とした家族一緒の視察旅行なども行っています。

働き方改革も、視察旅行も、めざすのはスタッフの成長です。そんな姿勢をスタッフが喜んでくれればこそ、今があると思っています。

27歳のとき、父親が地元にできたショッピングセンターに出店し、その店を任されることになったが、その時までずっと絶望感は続いたという。西田さんは、この時期を「暗黒の10年」と振り返る。

父親の決断が、人生の扉を開く

三四郎　ショッピングセンターへの出店が、人生の転換点になったわけですか?

ボス　すべてが変わりましたね。私の人生は27歳以前、27歳以後で分けられるくらいに、大きい親父の決断でした。

父親が決めた、ショッピングセンターへの出店。「小さな魚屋ふぜいがショッピングセンターに店を出すなんてとんでもない。失敗したら命取りだ」と、親戚中から大反対された。しかし、父は頑(がん)としてはねつけた。3人の息子の存在が頭にあったからこそ、あんなに強気だったのだろうと思う。しかし、当時の西田さんは賛成も反対もせず、知らんぷり。今でも父には申し訳なかったと思う。

三四郎　それで、一気に繁盛して人生が変わった?

ボス　いや、そう簡単にはいきません。最初の半年は全く売れない。1日の売上が10万円に満たない日は、家に帰る車の中で、マジで涙が出ました。「西田はそろそろ本町の店に帰るらしい」という噂が立つし、「何をしよるんか」と親父は責めるしね。

しかし、1年後、売上が伸び始め、そこからは自分たちも驚くほど繁盛し、年商3億円を超すまでになった。父は日曜日になるとショッピングセンターに来て、少し離れたところから嬉しそうに眺めていた。

三四郎　1年間売れなかった店が、どうして売れるようになったんですか？

ボス　一つは、スタッフが増えたこと。めちゃくちゃ販売センスがある、弟の友人が入って。それに、広島の魚屋で働いていた、私より3歳上の人が入ってくれて、魚屋のノウハウを教え込んでくれたことが大きかったですね。

三四郎　やっぱり、人ですね。

ボス　本当にね。それは今も昔も変わりません。でも、売上は少しは増えたものの、苦戦は続きました。そんな時、苦し紛れに始めたのが「千円市」です。

ある日の夕方、その日もまだ魚が残っていて、今日も片づけが大変だなと思いながら、店に立っていた。

ボス　お客さまと話しているとき、突然、父と行商に行っていたときの光景を思い出したんです。父は、行商で回る最後の集落で、残った魚を集めて「これで1000円にしてあげるけぇ、買いんさい」と言う。「じゃあ、これも付けて」と言われれば、父は気持ちよく付けてあげた。それで、商談成立。それを思い出して、試しにやってみたんです。

定価で2000円くらいになるようにささっと何品か集め、1000円にしてお客さまに出すと、すぐに買ってもらえた。それを見た別のお客さまが「私にも！」と言う。次の人も、次の人もとなって、売り切れてしまった。

翌日も、夕方5時になると、同じようにやった。小さい町だったから、すぐ評判になり、行列ができるようになった。「それじゃあ、昼に売れんようになるぞ」と忠告する仲間もいたが、毎日売り切って店が空っぽになるから、翌日には活きのいい魚が並ぶ。どんどん売上が伸びていった。

三四郎　商売の天才だぁ！

ボス　自分でもそう思いましたね（笑）。でも考えてみると、親父と働いた10年間で、無意識にいろんなことを学んでいたんだと思います。よく喧嘩する父子でしたが。

30代での挫折と再起

商売の面白さを知り、自信もできて、西田さんが次に取りかかったのは、当時、日本中で人気を集めていた、ファミリーレストランを庄原につくること。31歳のときだった。

三四郎 そこから躍進が続くわけですね。

ボス いやいや、「好事魔多し」というじゃないですか。自分が天才だと思っているときですからね。落とし穴があったんです。30才のときに親父が亡くなって、私がすべてを仕切るようになりました。
その頃、広島に店舗展開していた「サンデーサン」を見て、こんな店を庄原にもつくりたいと思ったんです。ステーキも珍しかったし、ナイフとフォークで食べるなんて、なんてオシャレなんだ、と。そういう時代だったんです。しかも値段も手頃で。親父が生きていたら、絶対やらせてくれなかったでしょうが……。

地元の設計会社に設計を依頼し、建設会社も決め、信用金庫からの融資も決まり、計画は滑り出した。ところが、建物の建設は進むが、肝心の人がいない、レストラン運営の知識もない。次第に不安が募っていった。突然耳が聞こえなくなったり、涙が出てきたりと、体にも変調をきたしてきた。

ある夜、建築現場に行くと、誰もいない暗闇の中で、柱が立ち、屋根が架けられようとしていた。その時、「まずい、止めよう」と心が決まった。翌日には、新聞にスタッフ募集の折込チラシが入ることになっていたが、決心はついた。

翌朝、建設会社の社長を訪ねて、中止することを告げると、叱られると思いきや、逆に褒められた。「よう決断した」と。周りで見ていて、よほど危なっかしかったのだろう。信用金庫の理事長にも融資を頼みに行った。理事長は「お前が暗い顔をしてきたら、断ろうと思っていたが、元気に入ってきたので安心した。貸してやろう」と言ってくれた。

計画は挫折。父親から受け継いで最初の仕事は、2000万円を借金することだった。

この一件で学んだことは多い。自分に経営の知識が何もないことを痛感し、勉強しなければと思った。うまく切り抜けようと悪あがきしないこと。苦しいときこそ明るく振る舞うこと。「身を捨ててこそ浮かぶ瀬もあれ」という格言が、それ以降の人生の道標になった。

それから東京の経営セミナーに通うようになった。理論を学び、各地の繁盛店を視察し、海外にも出かけ、見聞を広めた。そこで出会う人たちとの交流、切磋琢磨が、西田さんの経営者としての成長を促していった。

人の縁の大切さ

三四郎 失敗から学んで、ここから順風満帆になるわけですね。
ボス いやいや、そういうわけにはいきません。
三四郎 まだ失敗するんですか？
ボス 失敗の連続ですよ。うまくいった店もあるけど、失敗して畳んだ店もありますから。ただ、成長するにしたがって、スタッフも成長し、会社の体力もついてくるから、失敗しても何とか切り抜けることができてきたというのが実感ですね。

勉強する中で、福山の「すし丸」という回転寿司と出合う。お客さまであふれる店、スタッフの活気あふれる笑顔、レーンに流れる寿司ネタの活きの良さに魅せられ、「すし丸」の社長に会いに行った。そして、ノウハウを教えてもらえた。ありがたかった。

その3か月後、三次に「すし家族」1号店を開店。多少の浮き沈みはあったものの、庄原店、吉田店など県北に5店を構えた。しかし、10年経つ頃に陰りが見えてくる。この頃、東京のコンサルティンググループに入会。〝グルメ回転寿司〟を知り、〝ファミリー回転寿司〟からの転換を図ることを決めた。

そして、県北の「すし家族」を順次閉店し、県西部の「すし鮮」「すし辰」に置き換えていった。

とりわけ西田さんの人生を大きく変えることになったのが、東広島に出店した「すし鮮」だ。それまでの家業的な経営から、企業へと生まれ変わり、出店も容易になったのだ。それまでは、出店場所を探して広島の不動産屋を回っても、田舎の小さな魚屋をまともに相手にしてくれるところはなかった。「すし鮮」出店の際も、土地が見つからず焦っていた。そこへ「同級生が土地を借りる人を探している」という情報が入ってきた。広島に固執していても仕方ないと、その友人に連絡をとり、やっと出店できた。

この「すし鮮　西条店」は大評判となり、一躍、知る人ぞ知る店になった。その後、いろいろなところから出店の要請があり、可部店、呉店、緑井本店へとつながっていった。あの時、友人との再会がなかったら……。人の縁の不思議さ、大切さを痛感した。

今――そして、これから

三四郎　宮島の対岸、地御前に、すごく高級そうな和食の店がありますよね。

ボス　「鄙(ひな)の料亭　地御前(じごぜん)」ですね。鮮コーポレーションのシンボルです。瀬戸内の海辺とい

「鄙の料亭 地御前」の門構え

う絶景、本格的な数寄屋造りとつくり込まれた庭、我ながら良い店だと思います。でもそれ以上に、「鄙」を感じてもらえる料理とおもてなしがこの店の命です。

この店は、結婚の際の顔合わせや結納、お食い初めや宮参り、七五三、還暦、古希（こき）など、人生のハレの日に使われることが多い。法要でも、瀬戸の風景が「千の風」を想起させるのか、大変喜ばれるという。

東広島と呉の「すし鮮」には、同じ敷地内に焼肉店「カルビ屋大福」がある。これはフランチャイズ店だが、開店から20年経ち、近く「すし鮮」と一緒に大リニューアルする予定だ。

column 2

私は失敗をこうして乗り越えた

結婚して１年経った頃、店の改装をしたのですが、売上は上がらず、しんどい日々が続いていました。まだ３店舗しかなかった頃で、私も店に出ていました。帰宅は毎晩11時頃。長男が生まれたばかりで、妻は私の食事を用意して先に寝ていたんですが、ある日ふと食卓を見ると、「毎日ご苦労さま。がんばってください。あなたならできます」と書かれた紙切れが。嬉しかった。元気が出て、店も活気を取り戻しました。

その後、妻は５人の子どもをしっかりと育て、特に私の母を大切にしてくれました。家庭を治めてくれる妻のお陰で、私は安心して外の世界で動き回ることができたのです。さらに、回転寿司に進出したときは、飲食業経験者だった妻が店頭で引っ張ってくれました。

失敗も逆境も経験しましたが、乗り越えてこられたのは、妻という良き伴侶あればこそです。

ボス　でも、どの店よりも胸を張りたいのが、開店から40年経っても、たくさんのお客さまに買っていただいている私たちのルーツ、「西田鮮魚店　新鮮市場」です。当時の私たちのような若いスタッフが、声を張り上げて魚を売っています。庄原になくてはならない店だと自負しています。

西田さんも、すでに67才。後継に道を委ねるときがきている。実は、2019年、長男に社長を引き継ぐ予定だった。しかし、入社してまだ3年、もう少し時間が必要だと判断し、その時期を延期した。今、常務となった長男は、スタッフの中で、ともに汗を流している。西田さんを支えてきた古参の幹部をはじめ、皆の信頼を得ることができたとき、社長交代を実現する。「その日も近いだろう」と、西田さんは期待を込めて話す。

鮮コーポレーション 株式会社

所在地	庄原市西本町 2-18-8　新興ビル４F
事業内容	①本格グルメ回転寿司「すし鮮」「すし辰」のチェーン展開事業、②焼肉屋「カルビ屋大福」のチェーン展開事業、③鮮魚販売事業「新鮮市場」の経営、④宮島外苑「鄙の料亭 地御前」の経営
創業	1949 年
資本金	1,000 万円　　売上：29 億 7,700 万円（2018 年）
従業員	457 人

変化をためらわない！

武内恒則さん

宮島の「百年宿」とホテルを率いる
個性派ボス！

株式会社 **錦水館**

代表取締役会長

武内 恒則さん

（放送日／2018年6月24日・7月1日）

国内外から多くの観光客が集まる世界遺産の島・宮島。創業百年以上の歴史を誇り、温泉と食を楽しむ老舗旅館「錦水館」と、宮島初のプチホテルとして2017年、旅館をホテルにモデルチェンジして誕生した「ホテル宮島別荘」。二つの宿を経営する5代目宿主が、代表取締役会長の**武内恒則**（ニックネームはトニー）さん。宮島と食を愛し、宮島にこだわりながら、時代に合わせて経営スタイルを「コロコロ」変えることで成功した、個性派ボスの素顔に迫る。

boss profile

武内 恒則（たけうち・つねのり）
1954年　宮島で生まれる
1977年　「株式会社錦水館」に入社
1995年　代表取締役社長に就任
2019年　代表取締役会長に就任

人気の二つの宿を経営

温泉旅館「錦水館」は、「嚴島神社から徒歩3分、参道にたたずむ、天然温泉・宮島潮湯と食を愉しむお洒落な百年宿」。「ホテル宮島別荘」は「宮島桟橋から徒歩1分、船を降り立つと目の前にある、宮島を暮らすように楽しむスタイリッシュなプチリゾートホテル」。片や旅館、片やホテルというだけでなく、コンセプトも全く違うが、それぞれ客室稼働率80％以上という、宮島を代表する人気の宿である。百年宿・錦水館を訪れた三四郎は、窓から嚴島神社の朱の大鳥居を望めるオーシャンビューのお部屋に大興奮。錦水館でも6部屋限定の「オトナの休日」。このように部屋から大鳥居が見られる宿は、宮島でも数えるほどだ。

三四郎 僕たち、宮島は初めて！ 和モダンの、落ち着いた雰囲気のいいお宿ですね。この雰囲気は、何かを参考にしているんですか？

ボス 常に時代のトレンドを肌で感じられるように、日本中、いろんなところの新しいホテルや旅館を泊まり歩いて、楽しい体験をしながらそれを真似しています。

武内さんには、「自分が泊まりたい宿（ホテル）をつくる」という一貫した思いがある。多くの本を読み、各地の宿泊施設の宿泊体験をヒントに、どんなことをすればお客さまが喜ぶか、常にアンテナを張り、いいアイデアは次々に取り入れてきた。

ボス 僕は、真似（パクリ）がすごくうまいんです。

今はスピードの時代。知らないものに時間をかけて考えるより、いいところは真似すればいい。その方が早いし、簡単で成果が出る。やってみて駄目だったらすぐに変える。

ホテル宮島別荘では、星野リゾートのやり方を真似して、スタッフ一人ひとりが複数の業務をこなす「マルチタスク」を導入している。ホテル業務は、分業制だとスタッフが稼働しない待ち時間が多く、長時間労働になりがちだ。ホテル運営に必要な複数の仕事をマスターし、スタッフ皆が協力していくことで、効率化を図り、無駄な待ち時間を減らし、長時間労働を減らせている。

三四郎 最初からうまくいったんですか?

ボス なかなかスキルが上達せず、何度も研修をしたり、試行錯誤の連続でした。でも、習うより慣れろ。うまくいくまで、あきらめずにやり続けることが大切です。今は、スタッフが頑張ってくれて、うまくいきつつあります。

ワンランク上のこだわりの宿「錦水館」

読書家の武内さんは、月に使う本代がなんと約10万円！ 自宅には約２０００冊もの本があり、枕元にはいつも20冊ぐらいが積まれている。

宿泊客にも自由に本と音楽を楽しんでもらおうと、錦水館の１階には宿泊客専用のブックカフェがある。ここはもともとカラオケバーだったが、落ち着いた雰囲気でゆっくり過ごせるブックカフェに改装した。実は、この改装の裏には武内さんが成功をつかんだ、思い切った経営判断があった。

バブル崩壊後の１９９０年代後半、客が減り、大手旅館が相次いで経営撤退をしていった厳しい時期があった。そのとき武内さんが決断したのが、従来の旅館の常識を捨て、団体客の受け入れをやめて、

いいものは
どんどん
取り入れて
いくんです

個人客に特化すること。団体客を失うのは痛手だが、いろんな宿がある中で個性的な宿をつくり、独自化を図ろうと考えた。そこで団体客には必須だったカラオケをなくし、当時は考えられなかった全館禁煙化に踏み切り、ワンランク上のこだわりの宿への歩みを始めた。

ボス　社内には反対がありましたよ。せっかく立地がいいのに、なぜ儲けがない（もう毛がない）ことをするのか（と、自分の頭を指す）。でも、皆がOKということは駄目なんですよ。

三四郎　真面目な話をしているのに、ダジャレですか（笑）。

錦水館は、ブックカフェやウッドテラス、夜の居酒屋など、泊まってみたくなる魅力ある空間とサービスを提供することで、女性客やリピーターが増えていった。

半端ではない「食」へのこだわり

こだわりは部屋だけではない。錦水館名物の天然温泉・潮湯も武内さんのこだわりのたまもの。30数年前に宮島に存在していた温泉を復活させることは祖父の夢だった。それはいつしか自分の夢になり、数千万円をかけて隣の敷地を掘削。掘り出した自家源泉100％の天然温泉は2005年から開湯し、人気を集めている。

「食」へのこだわりも強く、錦水館の食事は85％以上が広島県内で採れた食材を使用。安全・安心な旬の食材を選び、宮島の風土に合った調理法でアレンジした、宿屋料理を提供している。

お食事処「まめたぬき」（昼は食堂、夜は居酒屋）は、名物の蒸したアナゴの陶箱飯が大人気。夜になるとほとんどの店が閉まってしまう宮島で、ここは居酒屋としても営業し、宮島に滞在している外国人客でいつもにぎわっている。

本格的な洋食を味わいたいなら、宮島桟橋近くのホテル宮島別荘に、宮島で唯一、地産地消の食材をオー

column 1

私の成功の法則

失敗すると他人のせいにしがちですが、自分の人生は自分で切り開いていくものですから、何があっても人のせいにはしないこと。自己責任を認識するためには覚悟がいります。比較するなら自分の過去と比較して、今の自分がどうなのかを考えること。そうしていると、あまり他人のことが気にならなくなり、自分の価値観やポジションがブレなくなります。言い訳するのではなく、その中で何をしたかです。自分で責任が取れないことはやらない。

今はスピードの時代です。「十年一昔」と言いますが、「一年一昔」になりそうな勢いです。だから、決断は早くしなければならない。それができるためには、決断するときに、どれだけそのための判断材料を集めて思考の整理ができているかが大事。それを早くやる訓練が必要です。

プンキッチンで調理する仏・伊ブッフェレストランがある。ここには宮島初のホテルベーカリー「島旨（しまうま）PAN」もあり、パンがブームの今、宿泊客以外でも観光客がわざわざ立ち寄る人気のパン屋だ。カフェ&バー「蔵Vitto」は買ったパンの持ち込みOK。広島の地酒や地ワイン、国産ウイスキーも楽しめる。

実は、武内さんは調理師免許を持っており、趣味の一つが料理。女将業で多忙な妻の裕子さんのために、家でもよく和洋中の料理を作る。そんな武内さんだけに、宿で出す料理へのこだわりは半端ではない。年4回、料理試食会を行い、新しい料理は自分たち夫婦、社長（6代目宿主の長男・智弘さん）夫婦、両宿の支配人らが必ず試食してからメニューに入れる。

また、接客やフロントなどのサービス部門、調理部門などの社員には全員、お客さまと同じフルコースを食べる経験をさせる。お客さまの立場になって食事とサービスを体験するのは、社員教育、研修の一環だ。

僕らも研修受けたいな

検定に受かればボーナスが！

ボス 建物や料理にもこだわっていますが、一番力を入れているのは人材教育です。売上の1～2％以内の費用をかけて、スタッフのスキル向上のためにさまざまな教育研修を行っています。

三四郎 例えばどんな研修を？

ボス 英会話の研修や、「おもてなし検定」「宮島検定」「日本語検定」などの外部の検定を、テキスト、講習会、受験費用など、すべて会社負担で受けられます。

英語は国際語であり、外国人観光客が年々増え続ける宮島で十分なサービスを提供するためには、英会話は必須だ。武内さんは、外国人観光客を取り込むために、昼間使っていない宴会場で従業員を対象に英会話教室を開くことを発案。ネイティブ講師によるレッスンは、「外国人の方としゃべるのが怖くなくなりました」と、従業員たちに喜ばれている。社員一人ひとりが自信を持って働くことが大事。教育も投資だと思う。そのため、検定の取得に対しては報奨金制度も設けている。

三四郎　検定でボーナスですか！　太っ腹だ！
ボス　「研修費がすごいですね」とよく言われます。でも、それがサービスなど会社のソフトをつくっていると思うので、ずっと続けています。

若い人が働きやすい環境づくり

会社の経営状態はすべてオープンにし、年に一度の経営計画発表会には全社員が参加。２０１２年に創業百周年を迎えたときから、携帯していつでも見られるようにと、企業理念や宿の収支、具体的な行動基準を書いた手帳型の経営計画書を作り、社員に配布している。社員にも経営感覚を持ってもらうことが狙いで、人事評価制度も導入しており、成果として業績が上がっている。また、毎年目標数字を達成していることで、金融機関の信用も得られている。

宮島の観光客は右肩上がりに増えているが、定住人口は年々減少している。１９４７年に５１９７人だったのが、２０１5年には3分の1の１６７４人にまで減り、高齢化も進んだ。島の活性化に若い人は欠かせない。若い人が働きやすい環境をつくり、若手人材を確保することで、宮島への定住を促進したい。過疎化という宮島の課題を克服するためにも、武内さんは働き方改革を進めるとともに、島内の空き家になった家屋を譲り受け、社員寮（7か所）として活用している。

仕事も遊びも、最高に楽しむ

武内さんが何かを始めるときの決断の基準は、次の三つ。①オンリーワン（ほかにないもの）、②ファーストワン（最初にやる）、そして、③ナンバーワンをめざすことだ。人がやっていないものをやる。そして、やるなら人よりも早くやる。その一例が婚礼事業である。

嚴島神社が世界遺産になったとき、「世界遺産の神社で挙式できるのは大きな魅力だ」と考えた。どうせなら、人力車に新郎新婦を乗せて走ったら楽しい。このアイデアは、歌舞伎の「お練り」にヒントを得た。早速人力

弥山からの眺めをバックに

車を購入すると、妻の裕子さんからは「こんな玩具を買って」と怒られたが、今では人力車に乗る新郎新婦は宮島ウエディングの定番になっている。

錦水館では、神社での挙式だけでも歓迎している。宿を利用していただき、後にお子さまの七五三などでリピーターとなり、生涯顧客となっていただけるから。婚礼事業を片手間でやったところは、ほとんどが成功していないが、錦水館では「やるからには」と、事業部門として立ち上げ、7人の専従スタッフがアイデアを出しながら、真剣に取り組んできた。その結果、嚴島神社での年間挙式数の約5割のシェアとなっている。

三四郎 世界遺産で結婚式か！

ボス ほかがやっていないことは、ビジネスチャンスです。最初は儲けようなどと思わず、最終的に、私は「楽しいか楽しくないか」で決める。お客さまも社員も「仕合せ」になることをやるのです。楽しいことなら長続きします。「仕事も遊びも、人生を最高に楽しむ」が僕のモットーなんです。

26歳で旅館を経営

三四郎 ボスのこれまでを教えてください。

ボス 東京の大学を卒業後、ホテルスクールで学び、23歳のときに宮島へ帰ってきました。

大正元（1912）年創業の錦水館は、昔、船が停泊していた有の浦という場所にあり、「錦水館」は屋号。戦前は「海軍御用達武内商店」という廻船問屋と、嚴島神社に参拝する参拝客の宿という、二つの顔を持っていた。旅館専用になったのは、戦後のことである。ホテルスクールで学んで帰った武内さんは、家業である昔ながらのやり方の小さな旅館に抵抗を感じ、自分の居場所を見いだせなかった。祖父はそんな武内さんに、2軒目の新しい宿づくりを任せてくれた。

ボス 26歳の若造に、早い時期から事業計画から経営まですべてを任せてくれて……。祖父母や父母がよくやらせてくれたと思います。

三四郎 すごい投資なんでしょう？

ボス 総事業費約7億円の投資でした。

三四郎 スゴすぎる！

1980年、桟橋近くに新築開業した「宮島ロイヤルホテル和風別館」（当時の名称）は大繁盛した。

これが、小さな旅館から宮島を代表する宿へと飛躍する第一歩となった。

1989年には錦水館を全面建て替えた。若いころから借金と投資を重ねては、会社の規模を大きくしていった。

今、宮島を訪れる来島客は480万人規模になっているが、平成時代のバブル崩壊後やリーマンショックの後には、200万人台の厳しい時期もあった。その中を乗り越えてこられたのは、時代に合わせて経営スタイルを「コロコロ」変えたからである。

「百年の伝統」に安住せず進化・変化し続ける

ボス　僕は、旅館、ホテルはこうでなければいけないというのは、あまりないんです。

宿を経営していて、「変えてはいけない部分」と、「変えるべき部分」がある。それを決断するときの優先順位で、常にベースになるのは「お客さまと社員の安全・安心」。そこさえ外さなければ、時代の波にいかに乗るか、やり方はいろいろ変える。自分は何をしたいか？　お客さまの喜ぶ顔を思い浮かべながら、自分のところに何が合うかを検討しながら、随時変えていくことが大事だ。

錦水館は二つの宿を運営してきたが、2013年から2015年にわたって、今後どうするかを当時専務だった長男と二人で一緒にいろいろと考えた。そして、宮島で同じ旅館を2軒やってもしようがないではないかという結論に達した。

そこで、2017年1月から7か月間休館して行った大規模改修を経て、2017年9月に宮島初の新しいリゾートホテルとしてリニューアルオープンしたのが、「ホテル宮島別荘」である。ホテルのコンセプトは、「大人のための宮島の我が家」。新しい時代の新しいビジネスモデルとしてのホテルをつくりたくて、宮島初となるホテルのコンセプト、施設や運営システムを取り入れている。

しかし、ブランディングができて知名度の高い錦水館とは違い、ホテルの名前が浸透し、ブランドができるまでには時間がかかった。それでも2年間苦労して、今は経営計画通りに進んでいる。

column ◦ 2

私は失敗をこうして乗り越えた

これまでに大きな失敗はありませんが、小さな失敗は数多く経験しています。その一つが、2009年に、それまで宮島にはなかった土鍋ラーメンの店を開業したこと。しかし、宮島ではラーメンの需要は少なく、売り上げが低迷して、やむなく半年で撤退しました。失敗しても素早く撤退の判断を下すことで、損失を最小限に抑えられる。決断の早さは重要です。私は、ほかがやらないことをビジネスチャンスととらえ、やってみるタイプ。だから、成功するか失敗するか、常に危機感を持ってやっています。

「ピンチ（変化）はチャンス！」という言葉が大好き。やるか、やめるか。その判断をする際に、私が何よりも優先しているのは、「これをやったら楽しいか？　仕合せになれるか？　そして、社員とお客さまの安全・安心」です。

「ピンチ（変化）はチャンス！」。いろいろな厳しい体験をすることで、新しい発想ができる。「百年の伝統」に安住せず、これからも新しいアイデアをどんどん取り入れていく。行動あるのみだ。

インバウンド観光客の劇的な増加に伴い、宮島の町は日々変化し、違う顔を見せてくれる。武内さんは、大好きな宮島の町を毎日のように徘徊してはフェイスブックで、新社長の智弘さんはインスタグラムで、スタッフとともにＳＮＳを通じて宮島と宿の魅力をほぼ毎日、世界に発信している。

ボス　宮島を知ってもらい、遊びに来てもらえれば、宿にとってもありがたいこと。伝統を守るのは当然ですが、おもてなしの形は時代で変わります。大切なのは、宮島に来たお客さまに楽しい思い出をつくっていただくことです。

三四郎　そして、自分も楽しむことが成功の秘訣ですね。

株式会社 錦水館

所在地	廿日市市宮島町 1133
事業内容	旅館・ホテル事業（錦水館・ホテル宮島別荘）、婚礼事業（宮島ウエディング）、レストラン事業（まめたぬき）、ベーカリー事業（島旨 PAN）、宮島蒸し饅本舗、錦水サービス
創業	1912 年 10 月
資本金	1,000 万円　　売上：16 億 8,680 万円（2018 年）
従業員	130 人（パート含む）

「ありがとう」の気持ちを込めて

山﨑智太郎さん

伝統の継承×革新への挑戦で
広島ラーメン界をリード

株式会社 **アースフード**

代表取締役社長
山﨑 智太郎さん

（放送日／２０１８年10月28日・11月4日）

広島県内で大人気のラーメン店「我馬（がば）」を10店舗構え、博多ラーメンを年間１５０万食売り上げる株式会社アースフード。さらに天麩羅専門店「天麩羅　すえ廣」（中区）、ハワイにうどん店「うろん〝釜だし〟」を出店と、新分野を開拓し、企業としての成長はとどまるところを知らない。そんな会社を一代で築き上げたのが、代表取締役社長の**山﨑智太郎**さんである。進化を続けるラーメン店の秘密を探ってみよう。

boss profile

山﨑 智太郎（やまさき・ともたろう）
1965年　福岡県大牟田市で生まれる
2000年　「株式会社アースフード」を設立。代表取締役社長

うまさの秘密を探る

「我馬」のラーメンはどうしてそんなに人気なのか。まずは、西条（東広島市）にあるスープと麺の製造工場を訪ねた。

三四郎　どんなスープなんだろう。仕込みを見せてもらってもいいですか。

ボス 広島県内に10店舗を展開しているんですが、店舗によって味がブレてはいけないので、ここ西条にあるセントラルキッチンでまとめて作っています。「我馬」の根幹を成すキッチン（工場）です。

ズラリと並んだ大きな寸胴鍋。この工場で全店のスープ、麺、チャーシューなどの食材を作り、出来上がったらその日のうちに各店舗に搬入する。

1日に作るスープの量は、平日で4000食、休日にもなると5000～6000食分。普通の博多ラーメンは豚のゲンコツ（スネの骨）とロース骨（背骨）を使うが、「我馬」のスープは豚の頭だけから取る。豚骨スープの中でも一番調整が難しく、技術がいるため、一般的にはあまり使われない。火加減が中途半端だと生っぽくなり、強火で煮るほど、白濁した良いスープができる。丁寧にアクを取りながら、約12時間以上煮込むと、コクとうまみのある、クリーミーで優しい味

これから
おいしさの
秘密を拝見！

になる。

麺は、水分の量を極限まで減らして作る「低加水麺」。水分量を限界まで減らすことで、サクッとした食感が得られる。また、麺の表面が毛羽立ち、さらに角麺にすることで、スープに絡みやすくなる。このこだわりの麺も、ヒットの秘密だ。

三四郎　博多ラーメンは、バリ硬とか、硬い麺が特徴的ですよね？

ボス　本当においしいのは、「ちょい硬」ぐらいなんですよ。

こだわりのスープと麺を作っています

ラーメン通の中には、時間をかけずに、「粉落とし」という、湯にくぐらせただけのゆで方を好まれる方もいらっしゃいますが。

期間限定ラーメンは40作以上

商品をすべて自社製造しているため、新しいもの作りに自由にチャレンジできるのも「我馬」の強み。次に訪ねたのが、研修施設として活用されている「GABA KITCHEN」（西区）。新しいラーメンを開発する場にもなっている。

三四郎 ここはアトリエ？ というか、お店と同じような造りのキッチンですねぇ。

ボス そうなんです。デザイナーさんと一緒になって、つい勢いで、もう1軒お店が出せるぐらいお金をかけてしまって……。ここで毎年、「G1グランプリ」を開催しています。年ごとに私がテーマを決めて、我馬各店舗で競う創作ラーメンコンテストなんです。

G1グランプリでは、店舗ごとにユニークなメニューを考え、プレゼンして、グランプリを競う。そ

の入賞作品が「限定麵」として、全店舗のメニューに加えられる仕組みだ。
「我馬」ではG1グランプリとは別に、季節ごとにも、創作ラーメンとして「限定麵」を出している。年に4回、季節限定で、これまでに40作以上出してきたが、山﨑さんとスタッフが一緒に考案しているものだ。季節やトレンド、地産地消などをベースに、定番以外の商品もお客さまに味わってもらいたい。我馬を違う角度からも楽しんでほしいという思いがある。

ボス　こういった取り組みが、スタッフのやりがいや労働意欲にもつながっていますし、食材の勉強や技術の向上にもなるのです。時代に合わせて進化していく業界にしていかないといけませんから、そのためにも自身のスキルを積み上げていってもらいたいのです。

GABA KITCHENで新しいラーメンが生まれます

季節限定だからといって、「とりあえずのもの」は一度も出したことがない。それだけで店を出せるレベルのものばかりだが、1シーズン限りで終了する。その潔さが小気味よい。

10店全部が外観も内装も異なる店づくり

味への徹底したこだわりのほか、店の「つくり」にもこだわっている。1店舗1コンセプトで、広島県内の10店舗は1つとして同じ店構えはない。

三四郎 ええ？ 普通は、同じ系列店はすぐ分かるように、

column ○ 1

私の成功の法則

当社の企業理念は、「地球上で一番の『ありがとう』を」。そして、ビジョンに掲げているのが、「食を通じて感動と笑顔を発信し続けるために、技と知識と心を磨き、関わる人すべてが誇りを持って、未来を創造できる企業を目指す」ことです。その上で、創業の精神である「伝統は革新の連続」にチャレンジしていきたい。

人として常日頃から「EQ（心の指数）」を高める努力をし、「ありがとう」と「おもてなし」の気持ちを忘れないこと。「プロ」としての意識を持って、常に上を向いて努力すること。そして、受け継いだ伝統の良いところを守りながら、時代の変化に沿って常に進化していくこと。この３つが揃えば無敵です。常にこの３つを基本に置いて行動し、スタッフと一緒に本当に良い笑顔ができたときこそが、自分の目標が達成できたときだと思います。

同じ店構えにすると思うんですが……。

ボス　街にはそれぞれ特徴があります。それぞれの地域の特徴を生かした店づくりをしているんです。

1店1店、その街に出した理由は何かというコンセプトづくりをしっかりやって、1店1店の個性をつくり込みました。地元の方に喜んでもらえるような店づくりのために、コンセプトは大事です。

たとえば、東広島市の西条店は、酒どころらしく、杉玉や酒樽などをモチーフに酒蔵をイメージした店づくり。呉市の広店は、港町呉らしく、戦艦大和をイメージしたレジ、コンテナを模したトイレなど、

広店（呉市）の店内

港をイメージした店づくり。どの店も、訪れた人がワクワクした気分になり、「次は、他店にも行ってみたい」と思うような仕掛けが満載だ。

ボス　ラーメンを通して人が集い、楽しめるコミュニティの場にしたい。店づくりは、出店した地域との調和を念頭に、外観だけでなく内装やインテリア、グラフィックにいたるまで、1店舗1コンセプトにこだわっています。

地域密着で、地域を表現した店にすると、働くのは地元の人だから、働き手のモチベーションも上がる。また、あの店舗で働いてみたいという興味もわく。逆に、パッケージ化すると働き手の意欲もそれなりになってしまう。

ボス　何よりも、同じ店をたくさんつくるのは、ただ効率を良くするだけになってしまう気がして、自分自身が嫌なんです。僕は出が職人だから、料理も店もつくるのが好き。自分自身も楽しみたいのです。

33歳でラーメンの世界へ転向

三四郎　そもそもどうして、広島で博多ラーメンの店を開店したんですか？　ボスのこれまでを教えてください。

ボス　僕はもともと関西でイタリア料理の修業をしていたんですが、福岡発祥の全国的に有名な某ラーメン店のイタリアン部門から誘いを受けて、イタリア料理店をオープンしました。31歳のときで、これが広島との縁の始まりです。

当時、勉強のため、広島の有名なイタリア料理店へ何度も足を運んだ。その一方で、親会社のラーメン店がつくり出す、おしゃれで新しい世界に魅せられ、33歳でラーメンへの転向を決意。修業を経て店を出す際、福岡にある師匠のラーメン店と競合しないように、何度も訪れて親しんでいた広島に出店することを決めた。

2000年に1号店をオープン。30～40席の規模の店で、月に500万円売り上げれば繁盛店といわれるラーメン業界で、オープン当時、20日間でその目標を超えた。そこから売上はうなぎ上りで、たちまち1日に700食を売り上げる人気店となる。勢いに乗り、3年間で3店舗を展開。順調に拡大路線を歩むかに見えたが、そこに思わぬ落とし穴があった。

店舗が増えるにつれて、売り上げがどんどん落ちていったのだ。出店でカバーしようと5年間に6店舗まで増やしたが、新店舗の分だけは数字が増えても、下がっている店舗は何も改善されない。売上は3分の1まで転がり落ちた。

「これじゃ潰れる。落ちるのを止めなければ」。そこから5年間、出店を止め、立て直しに全力投球した。なぜ落ちるのかを徹底的に検証し、スタッフ皆と共有し、一人ひとりが真剣に考えて、改善案を出し合った。そこから出てきたのが、布おしぼりを食事の前後に出したり、ランチには要望があればご飯をおむすびにしてあげたりなどの細かいサービスだ。また、このときに全店舗を順次、コンセプトに沿ってリニューアルし、季節ごとの限定麺も始めた。さらに、基本に立ち戻り、場所・サービス・商品の質を考え、月間の売上目標もあらためて見直した。

ボス 上げようと思うと大変な気がしますが、以前そこまで行けた事実があるわけですから、「元々の力に戻そうよ」と考えたわけです。スタッフにも「今の姿はらしくないね、戻そうよ」と。そう考えることで奮い立ち、勇気が出ました。

5年間で商品やサービスの内容をつくり直し、再構築して新しいものを生み出し、同時にきめ細かい

サービスを続けていくことで、落ちていた客足がぐっと上がり始めた。
5年経ち、会社としての土台が固まり、新たな成長が見えた2010年、JR広島駅前の再開発で、「今からは駅周辺が良くなる」と出店の誘いを受けた。そして、今なら「もう大丈夫だろう」と「広島駅北口店」の出店を決意した。

外食企業ナンバーワンの社員満足度をめざす

三四郎　ところで、飲食業の基本って何ですか？

ボス　Q（Quality＝高品質な商品）、S（Service＝接客）、C（Clean＝清潔、掃除）が飲食業の基本だといわれています。このどれか一つが欠けても店は繁盛しません。でも、これを行うのはすべて人ですから、QSC＋人材育成（つまり「人財」）ですね。それがすべての基本です。

かつて山崎さんが修業したラーメン店は、「女性が一人でも入れる店づくり」をコンセプトにしていた。当時、一般のラーメン店は接客の意識が薄く、女性が一人でラーメン店に入ることはまずなかった。店内にジャズを流し、元気な活気のある接客で、その固定化されたイメージに風穴を開けたのが師匠の店だった。

ボス 新たなラーメン店を追求する師のもとで修業し、学んだことが僕のラーメン店経営の基礎になりました。

三四郎 そういえば、女性のスタッフが多いですよね。ラーメン店なのに意外かもしれませんが、

ボス 働いている全従業員さんの半分が女性です。私たちがめざすのは「外食企業ナンバーワンの社員満足度」。ライフスタイルを大切にする制度や待遇があって、時短勤務や有休の体制も整え、長く働き続けられる環境があるから、女性スタッフが多いんです。

三四郎 外に向けては徹底したサービスの向上、うちに向けては働きやすい環境づくり。それが企業躍進の秘密なんですね。

働きやすさを大切にしています

「ありがとう」を大切に

研修施設「GABA KITCHEN」の壁には、世界各地の「ありがとう」の文字が一面に書かれている。「ありがとう」は山﨑さんが大切にしている言葉だ。

ボス　頭の知能指数はIQですが、心の知能指数はEQといわれます。それを代表する言葉が「ありがとう」。これは、相手のことを思わないと出てこない言葉。EQの高い人は、何かにつけて「ありがとう」と発信されますし、成功者や幸せになっている人が多い。「ありがとう」を大事にして、お客さまに心から喜んでもらえるサービスをスタッフ全員が考えられるように、これからもしていきたいですね。

三四郎　なるほど。「ありがとう」は従業員教育にもつながる言葉だったわけだ。

ボス　和食はユネスコ無形文化遺産にも登録されていて、日本の外食産業はすごく可能性を秘めているんです。スタッフには、ぜひ飲食業界の魅力や、やりがいを感じてもらいたい。いずれはラーメン店を任せて、経営者になる夢を叶える道もあります。

三四郎　独立の夢を持っている人を応援しているってこと？

ボス うちには、社内で幹部に上がっていく道のほか、独立してオーナーになる道があるんです。のれん分け制度を導入していて、「我馬」の名をもらい、担当している店をもらい、フランチャイズ契約を結んで、独立できます。
技術の世界ですから独立志向も強く、夢を持つ人も多い。でも、独立したらバイバイじゃなく、社内のグループとして守ってあげながら、共に成長していけたら最高でしょう。

たとえ人数は少なくても、気持ちのつながるメンバーと一緒に仕事をしていきたいし、社内にそういうオーナーをたくさんつくっていきたい。間もなく初の独立1店舗目が立ち上がる予定だと、笑顔を見せる。

column ○ 2

私は失敗をこうして乗り越えた

創業当初は出店に走って、3年くらいで3店舗を次々にオープン。ところが、店舗が増えたことで目が行き届かなくなり、チームワークが薄くなって、コミュニケーションもうまくとれなくなり、だんだん売上が落ち込んでいきました。

そこで5年間出店をストップして、原点に帰り、落ち込んだ理由を検証して、スタッフと一緒に店舗の運営やサービス内容、具体的な売上目標の立て直しを図りました。そして、業績回復につなげることができたのです。悪いときは悪いときの、良いときは良いときの「なぜか」を分析しておけば、落ちてきたときに再び上げるパワーになります。

広島への感謝を新たなラーメンに託す

2018年3月、JR広島駅ekieに「廣島中華そば我馬」をオープン。広島の中華そばをつくってみたいという自負もある一方で、よそ者の自分が挑戦していいのかという葛藤もあった。しかし、広島の玄関口から誘いをもらったことに背中を押してもらい、ラーメン店としてしっかり認めてもらうために恥じないラーメンを、と決意。渾身の「広島中華そば」が完成した。

ボス　店のコンセプトは「屋台」です。これまでの感謝の気持ちを込めて、戦後の復興時代に屋台から始まった伝統の味を再現しました。ラーメンを通して、人と人とが集い、楽しむ場が提供できれば、うれしいですね。

三四郎　何だか食べたくなったな。広島駅を通ったときには、ぜひ、いただきます。

株式会社 アースフード

所在地	広島市西区三篠町 3-10-2 米村ビル 2F
事業内容	①「ラーメン我馬」・「麺屋台我馬」・「RAMEN-STAND GABA」・「廣島中華そば我馬」の経営 ②「天麩羅 すえ廣」・「うろん釜"だし」の経営 ③ラーメン事業・飲食事業に関するコンサルティング ④食材・商品の開発・製造および販売
設立	2000 年 3 月
資本金	5,000 万円
従業員	300 人

表参道ヒルズにも出店！

新原純平さん

全国にアクセサリー店を展開
「可愛い！」を届けたい

株式会社 **サンポークリエイト**

代表取締役社長
新原 純平さん

（放送日／2018年11月25日・12月2日）

全国に60もの店舗を展開する、アクセサリー製造販売会社のボスを直撃。「アネモネ」「シエナロゼ」「フルリール」など6つのブランドショップの運営を行っており、広島市内の商業ビルに入るショップには、女性に支持される、さまざまな秘密が隠されている。

さらに、超おしゃれな本社ビルに潜入。そこには機能的なアクセサリー工房まであり、ボスのこだわりが満載。女心を理解し、業績を伸ばし続けるボス、株式会社サンポークリエイト代表取締役社長・**新原純平**さんの経営哲学とは？

ⓑⓞⓢⓢ ◦ ⓟⓡⓞⓕⓘⓛⓔ

新原 純平（しんはら・じゅんぺい）
1974年　呉市で生まれる
1997年　法政大学経営工学科卒
1999年　「株式会社サンポークリエイト」に入社
2014年　代表取締役社長に就任

「可愛い！」の声が聞きたい

広島パルコ本館（広島市中区）にあるアクセサリーショップ「アネモネ」にやってきた三四郎の二人。女性客でにぎわうお店に少々戸惑いながら、新原さんに店内を案内してもらう。

三四郎 僕たちには未知の世界。ここには買い物を楽しみたいという、女心をくすぐる仕掛けがいっぱいなんでしょうね？

ボス 僕はお店づくりが大好きなので、店の内装には特にこだわり、リニューアルするごとに変えています。アクセサリーは、1個1個が小さいので、店内に入らないと見えない。お店に入ってもらうためには、見た目、つまり内装がポイント。打ち合わせを重ね、納得のいく内装をつくっていくのですが、通常のアクセサリー屋さんよりずっとお金をかけています。好きだからやっちゃうんですね。

店内には、商品を手に取ってもらいやすいような工夫があちこちにある。人通りが多く、目を引く店頭には売上1位のヘアアクセサリー、雑誌掲載アイテム、新作商品などを並べ、立ち止まって店内に入りやすい雰囲気をつくっている。

ディスプレーは、お目当てのものを探しやすいように、アイテムごとにコーナー分けをし、引き出しは宝探しの感覚で買い物を楽しんでもらえる効果も。お客の店内滞在時間も長くなり、常に人でにぎわう人気店をアピールできる仕掛けでもある。また、お客がいつでも自由に商品を試せる横長の鏡もポイントの一つだ。

さらに、昼間は主婦に、夕方以降はＯＬさんに合わせて、スタッフは髪型や身に着けているアクセサリーを変えることも。買い物をする女性の目線になって考えることが、売れ行きにつながっている。

ボス 女性は可愛いアイテムを見つける買い物の時間が好きですから、そのために可愛いお店と気づいて、入ってきて滞在してもらえるような売り場づくりをめざしています。お客さまの「この店、可愛い！」という声を聞きたいんです。

三四郎 「アネモネ」の商品は、6割がオリジナルだそうですね。デザインなどはどこで?

ボス 企画、デザイン、また製造も少量ですが、本社でしています。行きますか?

広島への思いとこだわり

本社ビルは、広島パルコから歩いて数分。ビルの入り口を入ると、まず目に飛び込むのがダイナミックな生け花と壁の現代アート作品。さらに周囲を見渡すと、床も、壁も、エレベーターのボタンさえも、ワンランク上のおしゃれ感が漂う。

三四郎 また、めちゃくちゃステキなビルですねぇ。

ボス

2017年3月に完成したんですが、設計士さんと2年間、毎週打ち合わせを重ね、こだわりにこだわってつくったビルです。

1、2階はテナントのレストラン。3階はカルチャーセンターのようなワークショップができる施設。「モノよりもコトの時代」と言われる現代で、コトを売るとは何だろう——。

たどり着いたのが、自由で創造的なスペース。陶芸、生け花、料理、ヨガなど、さまざまな分野の先生とお客さまが一緒になって何かできる場があればいいいな。女性の日常を豊かにする空間をつくり、それが広島の文化レベルを上げることにつながればいいいな。そんな思いを詰め込んだ。

4階から上は本社オフィス。ここは、置いている

好きだから、ついこだわっちゃうんですよね

イス一つ取ってもビンテージだったり、20年前にパリの蚤の市で買った家具や小物だったり、テーブルは卓球台仕様で、ネットを張れば卓球ができるという遊び心満載のものだったり……。一つひとつが建築や内装の好きな新原さんによって選び抜かれた、自慢の空間だ。撮影ブースもあり、すぐに商品撮りができる環境にもなっている。

ボス　当社の売上を見ても東京が一番だし、第一、東京はすべてのレベルが高い。普通ならモデル撮影などは東京で行うでしょう。だけど、本社は広島であり、僕は広島が好きなので、広島でできることは全部広島でやりたいと思っているんです。

東京からトップクラスのモデルを広島に連れてきて、広島で撮影する。外部に依頼するよりも、自分たちの手ですべて行う方がコストも抑えられ、自分たちのやりたいことを表現できる。ホームページなど宣伝媒体の見せ方にもこだわりがある。大変な思いをしても、商品をどう見せたいか、こういうモデルでこのカットで、こんなメイクで、ロケはここで……と、全部自分たちで考え、やってきた会社なのだ。

スタッフには仕事を楽しんでほしい

本社ビル内には機能的なアクセサリー工房もあり、現在は主にパーツの組み合わせを行っている。海外で製造もしているが、ここ本社ですべての作業ができる環境にしたいと思っている。

ボス コストだけなら海外で作る方が安く上がります。本社に製造できる場所をつくったのは、中間マージンをなくし、効率よく生産し、ゆくゆくは広島を、アクセサリーを作る街にしていきたいから。

三四郎 夢がありますね。スタッフの皆さんも楽しそうだし、夢がかなう日もそう遠くはなさそうですね。

column 1

私の成功の法則

僕は、先頭を走って引っ張っていくリーダータイプではありません。皆の後ろから歩きながら、ちょっと右へと声をかけたり、後ろから押してあげたりするタイプです。スタッフが一生懸命やって失敗するのは仕方ないと思っています。わざとやったわけじゃないので腹も立たないし、ガッと大声を出すことも、怒ることも滅多にありません。

今、店舗が増えて、それを成功だと言われるとしたら、自分の度量以上のことはできないので、皆でやってくれているからだと思います。スタッフの能力を引き出して、活かしてあげられれば、お互いに楽しいし、最高。難しいことだけど、そういうふうにやっていきたいと思っています。

サンポークリエイトの名前の由来は、「3つの宝をクリエイトする」という意味がある。①お客さまの喜び、②スタッフの働きやすさ、③取引先からの信頼。特にスタッフに対していつも思っているのは、「仕事を楽しんでほしい」ということ。折に触れ、ことあるごとにそれをスタッフに伝えている。

ボス　僕は「アネモネ」を始めて15年になりますが、洋服からスタートしたため、自分がアクセサリー屋だとは思っていないんです。モノをつくるのが好きで、そのための器（会社）をつくって、そこで皆が楽しんでいるのが好き。だから、もっと楽しいことを見つけたら、別のことをやっているかもしれませんね。

三四郎　洋服からスタートって？　ボスの経歴を教えてもらってもいいですか？

ファッションの本場で感覚を磨く

ボス　僕は運が良かったと思います。ファッション業界なので流行り（はや）もありますし。実は僕が最初にやった店は全然売れなかったんです。

父親が広島パルコの中に雑貨店を構えたのが始まり。新原さんは大学を卒業後、大手アパレル会社で働き、1999年に広島へ帰って、父親の会社に入社した。間もなく雑貨店とは別部門で、洋服のセレクトショップをオープン。「セレクトショップ」という名前が流行り始めたころのことだ。自分の原点として、今も広島パルコの中にあるこの店は、はじめは全く売れず、苦労した。

ボス 今、うちの会社はアクセサリーを扱っていますが、ファッション業界では洋服が花形なんです。バンドで例えると、ヴォーカル。アクセサリーは洋服があってのものですから、どうしてもサブの位置付けになるんですね。

三四郎 あっ、そうなんだ。

ボス 洋服のセレクトショップをずっとやってきたため、自分の中でファッション感覚が育ったのは良かったなと思っています。洋服と一緒に靴やカバンなど周辺のものもセレクトしますから。もし最初からアクセサリーをやっていたら、全体が分からず、アクセサリーのことも分からなかったかもしれません。

三四郎 洋服に靴やカバンまでセレクトするって、それはそれで大変そう。

靴やバッグの本場は、ヨーロッパ。靴やバッグをどこから仕入れるかとなると、やはり本場のおしゃれなものを扱いたくなった。そこで、一人でパリやミラノに行き、買い付けてきた。店で洋服と一緒に

それらを並べると、よく売れた。「あ、これはイケルな」と思い、次にはバッグと靴だけの店を広島パルコにオープンした。

パリ、ミラノに通っては、自分の目利きで仕入れた商品を広島で売る。そんな生活を10年続けた。海外へ行くたびに刺激を受け、感覚が磨かれた。仕事にもやりがいが感じられ、今思うと充実した楽しい時間だった。その店は利益も出ていたけれど、「アネモネ」をオープンし、店舗が増えて忙しくなると、そちらに注力する分、海外に買い付けに行くために労力をかけられなくなり、結局その店は撤退した。

アクセサリー分野へ進出

ボス　ある程度、洋服やファッションのことが分かってからアクセサリーの世界に入ってみると、「あ、アクセサリーはゆっくりだな」と思えました。

三四郎　どういうこと？

ボス　洋服は流行でどんどん変わります。靴もカバンも動きが速い。それに比べるとアクセサリーはころころ変わることもなく、動きがゆっくりなんです。

新原さんがめざしたのは、手ごろなアクセサリーの分野だった。その当時はまだあまりなかった、ちょっとおしゃれで、安価で、可愛い店だ。

2004年5月、「アネモネ」は広島パルコの中の7坪（約23㎡）の小さな店からスタートした。すると、すぐに評判になり、人気が出た。これまで広島パルコの中で洋服、靴、カバンと手掛けてきて、それなりに結果を出し、ある程度自信もついていた。

ボス　それならこのアクセサリーの店を、広島パルコ以外にも打ち出したい。どうせやるのなら東京か大阪で……。

2005年10月、大阪市北区茶屋町の「阪急村」に誕生したファッションビル「NU茶

キラキラだ！

屋町」に、「アネモネ」第2号店をオープンした。大阪では誰も知らない新しい店に、「何？　可愛い！このお店」と女性たちが群がった。可愛いアクセサリーばかりを、しかも品揃え豊富に集めたのが当たって、驚くほど売れた。

成功の秘訣は、物より人

三四郎　そこからボスの大進撃が始まって、今では全国に60店舗。その秘訣は？
ボス　よかったのは、大阪の最初の店長が良い雰囲気をつくってくれたこと。それがずっと受け継がれました。物より人。「人」は大きいですね。

10年前まで、同社はアットホームなところが長所だとよく言われた。しかし、会社が大きくなり、店舗が増え、職制も変わると、アットホームな部分を維持するのは難しくなる。スタッフの教育に関しても、昔は当たり前のことをするのを基本としていたが、今は全国からスタッフを集めて接客の講師が研修を行わなければならない。良い意味でアットホームな雰囲気を残しつつ、組織をつくりたいと思う。

そんな中で感じるのは、最初につくった店の雰囲気は、一つの文化としてそこに定着するということ。上に立つ人が良いものを持っていると、それが広がっていく。逆に、最初の人間関係がうまくいかない店は、その後、何度人を変えても、良い雰囲気にはならない。その意味で、大阪の最初の店長の人柄が良かったのは大きいという。

ボス　これまであまり人の教育をせずにこられたのは、良いスタッフに恵まれたからです。本社から遠く離れたお店でも、人間性の優れたスタッフが集まっているので、安心して任せることができています。それは僕の自慢かな。

ダイバーシティ（多様性）が叫ばれる現代社会で、逆行しているようだが、同社にはなぜか似たような人が集まってくる。

なぜか似たタイプ？のスタッフ

ボス 多分、店ごとに採用の面接を任せているからでしょうね。僕はチームワークを重視した環境を大切にしています。だから、採否は、必ずその職場を1日体験してもらい、先輩スタッフたちの意見で決めます。

僕が高評価の人でも、不採用になることもありますよ。でも基本的に皆が働きやすいのが一番ですから。

三四郎 経営者的には残念でも、仕方ないのか。

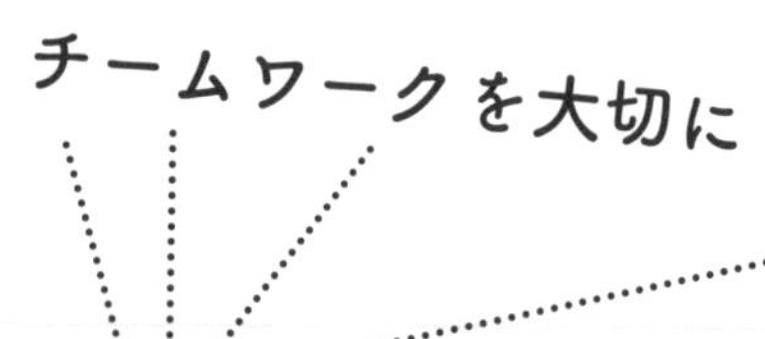

オファーに応え、広がる店舗網

もう一つ、成功の秘訣として、アクセサリー業界のことを知らずに入ったのもよかった。例えば、アクセサリーは数量が多いため、普通はメーカーからの委託仕入れだが、それを知らず、洋服と同じように買取で仕入れてきた。リスクを負うことにはなったが、結果として自分の目にかなうものだけを取り扱うことができた。

大阪への初出店は自分から営業に出向いたが、それ以降は全部、オファーに応えたものだ。ただし、日本の市場では、店舗数50程度がブランドの価値観を保った状態での限界だと考えているため、今も出店オファーが相次ぐのはありがたいが、ほとんど断っている。

column ○ 2

私は失敗をこうして乗り越えた

これまで小さい失敗ならいっぱいあるけれど、それを失敗とは思っていません。倒産しそうになるような、大きい失敗自体は経験していません。もちろんこれから起きる可能性がないとは言いませんが、僕はかなりポジティブ思考なんです。失敗というか、もし何か困ったことが起きて、それを乗り越えるためには、しっかりと正面から向き合い、誠実に対応していくしかないと思いますね。誠実に生きることを、自分の中の一つの信念にしようと思っています。そうじゃなければ、助けが欲しいときに、皆さんに助けてもらえないと思います。

『繊研新聞』の雑貨部門で、こうした出店依頼の多さが評価され、ここ10年連続して「プロポーズ賞」を受賞している。誰もが知るような大企業でも、こんなに多く受賞した例はない。

ボス　もし儲けを第一にしていたなら、今でも広島の一雑貨店のままだったかもしれません。全国にブランドを展開する企業へと成長できたのも、思いに共感してくれるスタッフや取引先があったからこそ。今後は海外進出も考えたい。まず目の前にいる人に楽しんでもらえるように努め、その積み重ねかなと思います。

三四郎　女性に対してちゃんと向き合ってきたから、成功したんですね。僕らもお客さんにちゃんと向き合わなければ。

株式会社 サンポークリエイト

所在地	広島市中区袋町 6-51 サンポービル 5F
事業内容	アクセサリー、ジュエリー、服飾雑貨の販売
創業	1981 年 9月
資本金	1,000 万円
従業員	340 人

国内シェアは30％！

堀川智子さん

日本一の木材会社を仕切る
女性ボス！

中国木材株式会社

代表取締役社長
堀川 智子さん

（放送日／２０１８年12月9日）

中国木材株式会社は、梁（はり）や柱など、戸建て住宅用構造材の国内シェアがなんと30％以上！　全国で1年間に建設される木造住宅40万戸のうち3分の1、つまり3軒に1軒でこの会社の製品が使われているという木材メーカーだ。
「3軒に1軒！　すごーい！」と、感心しきりの三四郎の前に現れた女性が、会社のボス。日本最大手の木材会社・中国木材で2500人以上の従業員を率いる、キャリアウーマン社長、**堀川智子**さんである。

ⓑⓞⓢⓢ ◦ ⓟⓡⓞⓕⓘⓛⓔ

堀川 智子（ほりかわ・ともこ）
1966 年　広島県呉市で生まれる
1999 年　「中国木材株式会社」に入社、監査役就任
2015 年　代表取締役社長に就任

物流を制する者は製材を制する

中国木材は、梁・柱などの住宅用構造材の製材を中心に、丸太の加工から建材の販売までを行っている。「原材料→製材→乾燥→加工→流通」までの一貫流通を全国14か所の拠点で行い、日本全国に製品を供給し、総合的な住宅用構造材のメーカーとして発展を続けている会社だ。２０１８年の西日本豪雨

では広島県呉市の本社工場が被災し、大きな打撃を受けながらも、売上は3期連続で1000億円を超えている。

三四郎 歴史がありそうな会社ですね。ボスは何代目？
ボス 会社の創業は1953年で、私は3代目。1999年に入社して、2015年に先代の父（堀川保幸会長）と交代して、社長になりました。

普通ではなかなか見ることのない木材会社の仕事を、堀川さん自らの案内で見せていただきながら、その成功の秘密を聞いた。

三四郎 あれ!? 会社のすぐ横に大きな船が止まっている。ここは港？
ボス 1992年にお金（21億円）をかけて整備した、当社の専用ふ頭です。
三四郎 えぇっ!? 専用の港ですか！ 港を持っている会社は初めて！

日本に輸入されるベイマツ丸太のうち、実に80％近くが同社で消費されているという。昔は船があちこちの港に寄って小さい製材工場に荷降ろしをしていたが、海外から来る原木運搬船は超大型船のため、港に接岸するためにはその都度曳航船（えいこうせん）で引かなければならない。そのコストは、一港寄るごとに数百万円単位でかかる。そこで、先代の社長（現会長）が考えたのが「一港積み一港降ろし」。専用ふ頭をつくって、荷降ろしを一つの港に集約し、一港で全部の船荷を降ろせるようにすれば、コスト削減になるというわけだ。

北米から
ベイマツの原木を
直輸入しています

ボス 先代の父の教えですが、物流のコストをいかに最適化するか。木材は重くて安いものです。だから「製材業は物流業。物流を制する者は製材を制する」。つまり、物流の効率化が製材業ではどれだけ重要かってことですね。

適切にコストダウンを

現在、本社工場では1日約4000本の丸太を加工しており、ここからさらに用途に合わせて加工して出荷する。全国に14拠点があり、各地で製材工場が稼働しているため、全国合計の年間製材量は約300万㎥、東京ドーム2・5個分にのぼる。

これだけの量の木材を全国に売っていくために、その物流コストをいかに下げるかも重要になる。いかに効率的に配送するかは一つのテーマで、父親の代からデリバリーシステムの充実に取り組んできた。

今は全国で、いずれも港が併設された、配送センター6か所、工場直属の配送センター4か所があり、計10か所から配送している。モーダルシフト（トラックに頼らない配送システム）を導入し、配送センターには全部、基本的に港を併設しているため、遠方にあるセンターまで届ける輸送手段には船を使い、近いところだけトラック輸送する。これによって、全国に比較的安価に木材をたくさん送ることができている。

三四郎　へぇ。そういったシステムがあるんですね。

ボス　父は、どこにコストがたくさんかかっているかを見極めて、そこをどうやったら攻略できるか、長期的な視野で考えるのがすごく得意な人なんです。父から学ぶことは多いですね。ある程度大きな方向性は父が打ち出してくれているので、どっちかといえば、父の弱いところを私が補っていこうと考えて取り組んでいます。

今、堀川さんが力を入れているのは、管理面の強化である。例えば、もったいないからと大切に使っていた古い機械が壊れて、入れ替えてみたら生産性が3倍になったという例もある。つまり、お金を使わないことではなく、適切なものを取り入れることがコストダウンにつながるのである。それを全社的に理解してもらおうと頑張っている。

ボス　拠点が全国に増えれば、父の時代のようにはトップの目が届かなくなります。研修なども充実させて、それぞれの拠点で改善や節約の意識を持って、投資効果を計算するように、と。そういう形に移行しようと奮闘しているところです。

乾燥材を業界でいち早く導入

三四郎 住宅用構造材のメーカーとして発展を続けてきた会社の、成功のきっかけは何ですか？

ボス 乾燥材の「ドライ・ビーム」を始めたことです。このときに、メーカーはユーザーの立場に立って、あるべきもの（商品）をつくっていかないといけないということを学びました。

column 1

私の成功の法則

「元気なうちに次の手を打つ（投資をする）」。これは父がいつも言っている言葉です。メインの生産は本社工場ですが、大きな災害が起こったときに供給責任が果たせないことを心配して、遠隔地にどんどん投資していき、茨城県に大きな鹿島工場を造りました。それが今、非常に生きています。２０１８年の西日本豪雨災害では本社工場が被災し、工業用水の確保に苦労しましたが、郷原工場から水を運んだり、遠方の拠点が稼働していて救われました。結果的には、複数の製造拠点と事業があったおかげで、赤字にはなりませんでした。逆に、東日本大震災のときは鹿島から１００人ほど本社へ来てもらい、お客さまに迷惑がかからないように本社でシフトアップして生産するなど、リスクが分散できています。

昔の家造りは、大工さんが手刻みで加工し、時間をかけて上棟するのが普通だった。その間に木を乾燥させて構造の安定を図ることが、昔の大工さんの技だった。住むうちに家にずれや傾きが生じれば、その都度大工さんが手直しをしながら住み続ける。それが日本の住宅の当たり前だった。

しかし、現代はスピードの時代。構造体でゆっくり乾かすという、この伝統的な家造りに代わり、工場でプレカットし、1日で上棟できるようになった。そこで、前もってしっかり乾燥させた木材が必要となってくるわけだ。

中国木材のゆるキャラ、ドライ・ビームくんと

ボス　乾燥材の必要性を痛感したのは、そのころ新築した自分の家で実際に床が傾いたり、ふすまが閉まらなかったりという経験をしたからです。当時は、日本の住宅の99％が未乾燥材を使っていましたが、「これはまずい！　クレームになる家の部材を提供してしまっている」と考えたのです。

大設備投資をして、試行錯誤の末に木材の乾燥技術を完成させた。出来上がった製品は当然割高になった。1989年に製造開始した乾燥平角「ドライ・ビーム」は、「そんな高いものは使えない」と不評で、赤字続き。1995年の阪神・淡路大震災で住宅の性能に関心が向くようになって、ようやく売れ始めた。これが一つのターニングポイントとなった。

30年前には乾燥させていない木材が当たり前。乾燥させた木材は特殊な物件や超高級な家にしか使われなかった。世の中の必要なものを先取りし、古い考え方を変えなければとの思いで、乾燥材を一般住宅に普及させたパイオニアが中国木材だ。今では構造材の9割以上が乾燥材になっている。

原材料から製材、乾燥、加工、流通までの一貫した体制があるから、低コストで高品質な「ドライ・ビーム」を安定的に提供できるのも、同社の強みとなっている。

「材木業界のAmazon」

三四郎　仕事のやり方でも他社との違いが?

ボス　オンデマンドのサービスを業界でいち早く導入して、「材木業界のAmazon」と言う人もいます。うちは、1本から、お客さまの欲しいものを欲しいサイズ、欲しい数量だけお届けしますから、プレカット工場や問屋などのお取引先は不要な在庫を抱えずに済むのです。

細かいニーズに応えることで、取引先からの注文が増え、売上増に結び付いていったのだ。

さらに、地球環境にも密接に関わる木材会社として、新たに力を入れているビジネスがある。船の中に溜まったり、自社工場から製材の過程で排出されたりする樹皮やオガ粉を、大型自家発電用ボイラーの燃料として活用する、「バイオマス発電事業」である。

三四郎　そんなに燃料になる部分があるの?

ボス　1本の丸太から60%が製材品、25%が製紙原料になる木材チップで、あとの15%はこれまでは余り気味で、焼却処分されることもありました。それを燃やして発電するのがバイオマス発電で、資源を有効活用するために当社ではいち早く導入しました。

しかし、これも初めのうちはずっと赤字だった。電気を市場で販売できる時代になって、今では1日600トン（本社のみ）のバイオマス燃料を使って発電し、環境に負荷を与えない生産システムで、会社にとっては大きな収入源となっている。廃棄物だとお金をかけて処理しなければならなかったが、時代が変わったのだ。

ボス 父はすごい倹約家で、5人きょうだいの長女である私もよく似ています。父からものを大事にする考えを学び、使い捨てが嫌いなタイ

資源を有効活用するバイオマス発電所

プなんです。「メーカーとして1円1円コストダウンして、利益を積み上げないといけない」というのが、今も父の口癖。だから、どうやってムダをなくすかというのが常に頭にありますね。

三四郎　なるほど。木を余すところなく使っているんですね！

女性が活躍できる場所をつくる

三四郎　ボスは、この会社に入る前はどんな仕事をしていたのですか？

ボス　私が大学を卒業したころは女性がしっかり働ける場が少ない時代で、手に職をと公認会計士の資格を取り、東京の大手監査法人に7年半勤務しました。外資系企業の日本事務所をクライアントに、毎日のように午前様の、超忙しい日々を送っていました。

激務で体調も不安になり、20年前に地元に戻って、父の手伝いを始めた。何ごとにものめりこむ性格で、次々に重要なプロジェクトをこなした。ところが、職位が上がると、「まさか女性の下で働くことになるとは」などとあからさまに言われた。この世界は典型的な男社会。社内に女性は事務員しかいない時代だった。今でも木材業界で女性社長は珍しい存在である。

そんな環境を変えたくて、働き方改革や人事制度の改革に力を入れている。生産性を上げて休暇を取れるようにしようと呼びかけ、また、女性が活躍できる場所をつくることをめざし、産休・育休後に復帰しやすい職場づくりにも努め、時短勤務制度もいち早く導入した。今はグループ全従業員2500余人中100人弱の女性専門職を、5年後には300人以上にする計画を立てている。

多方面で事業を展開中

国内は、少子高齢化で人口減の時代。新築の住宅着工の減少が予想される中で、これか

実は、前職は公認会計士なんです

（30年以上使っている、ぼろぼろの計算機）

ら増えるのは今住んでいる住宅の改修や改築だ。そこで、構造材以外の分野に着目し、リフォームやリノベーションでの需要を見込んだ新しい商品「カフェ板」を開発し、発表した。カフェ板は、国産杉の無垢板で、使い勝手のいいサイズと温かみのある風合いが特徴。ＤＩＹ商品コンテストでは金賞を受賞、さらにグッドデザイン賞も受賞し、ホームセンターで取り扱われて、注目を集めている。

一方で、今後は木材の海外輸出にも力を入れていくつもりだ。現在、中国、韓国、台湾に輸出しているが、まだ全体の売上の１％にも満たない。これをしっかり太い幹の事業として育てたいと思っている。

また、環境問題への関心も強い。

ボス　木を伐ることは環境に悪いと思っている人が多いと思うのですが、木を伐ることが悪いのではなく、木を伐った後、植えないことが悪いのです。木は再生可能エネル

2019年度グッドデザイン賞を受賞した「カフェ板」！

（床に使用）

ギーですから、植林して、また新しい資源を生み出して、そういう形で地球環境に貢献できるビジネスであってほしいのです。

日本の林業が廃れているといわれるが、その大きな原因に、所有が小規模で伐採コストが欧米に比べて高いことがある。欧米の木材が海を渡ってきても競争力があるのは、伐採のコストが安いからだ。

ボス 林業のシステムを変え、農業と同じように、大規模化しなければ、機械化も進まず、欧米との競争にも太刀打ちできません。今、国内には多くの所有者不明の森林が放置されていて、問題になっています。

column 2

私は失敗をこうして乗り越えた

今も私は、書類や数字は全部目を通さないと気が済まない、内容を確かめもせず判は押さないという細かい性格ですが、かつて東京の監査法人で働いていたときも、1から10まで書類に全部目を通さないと気が済みませんでした。そのため、時間内に終わらず、日が変わるまで仕事をすることも多々ありました。そんなあるとき、上司から「今日の5時までに終わらせろ」と命じられ、泣く泣く仕事を切り上げて終わらせたことがあります。この上司は、仕事には強弱を付け、優先順位を考えることが必要だということを教えてくれたんですね。トップとして多くの仕事を抱えている今、優先順位をいつも意識して動いています。

日本の大切な資源である森林を、きちんと維持せず、荒廃させてしまっているのは、とてももったいないことです。

そこで、力を入れているのが、山を買い、植林して、育てて生かすこと。製品にする力も、販売網も持っているからこそ、森林を生かせる会社だと自負している。現在、国内に約7700ヘクタールの社有林を保有し、森林管理しているが、長期的なビジョンを持った「山持ち」になることも、取り組んでいくべき課題だと考えている。

ボス 時代を見つめながら、構造材以外の新商品や海外進出、環境保護など、多方面での新たな事業へもどんどん取り組んでいるんです。

三四郎 さすが、これだけの会社を率いるボス！スケールが違うなぁ。

中国木材 株式会社

所在地	呉市広多賀谷 3-1-1
事業内容	①木材の製材および乾燥材・集成材の製造、②木材の物流・販売・輸出、③プレカット加工、④原木および製材製品の直輸入、⑤山林経営、⑥木質バイオマス発電
創業	1953 年 5 月
資本金	1 億円　　売上：1,200 億円（2019 年 6 月期）
従業員	2,592 人（2019 年 6 月 30 日現在）

夢をカタチにする

藤正幸司さん

広島ブライダル業界の革命児

株式会社 **京都嵯峨野**

代表取締役社長
藤正 幸司さん

（放送日／2019年3月10日・17日）

1980年に貸衣裳事業として設立し、式場の紹介をはじめ、ジュエリー、衣裳、写真、ヘアメイク、引き出物、ハネムーンまで、ブライダルに関するあらゆる分野をトータルサポートする、株式会社京都嵯峨野。そのボスが、代表取締役社長の**藤正幸司**さんである。

ブライダル市場の縮小を尻目に、思い切った戦略で業績を伸ばし続け、年間2000組以上のカップルが利用している。その拠点である本店（広島市南区段原）のショールームを、三四郎が訪ねた。

boss ◦ profile

藤正 幸司（ふじまさ・こうじ）

1975年　広島市で生まれる

2014年　「株式会社京都嵯峨野」の代表取締役社長に就任

「ナシ婚」の風潮の中、売上続伸中

ブライダルの世界も、時代とともに流行がある。バブル時代の1980年代は「ハデ婚」、バブル崩壊後に主流となったのは「地味婚」、2000年代に入ると、ゲストハウスなどを貸し切って挙式・パーティーを行う「アットホーム婚」など。ウエディングの形の多様化が進む中、今は式を挙げず入籍するだけの「ナシ婚」も増えている。

少子化や価値観の変化が進み、生涯結婚しない人や結婚式を挙げない人も増え、ブライダル市場は縮小傾向が続く中、京都嵯峨野の売上は、2000年が12億円、2010年が26億円、2018年が29億円と、着実に伸びている。

三四郎 疑問なんだけど、広島の会社なのに「京都嵯峨野」って、京都と関係があるんですか?

ボス 実はあまり関係ないんです。1980年に、先代の社長である父が南区京橋町で貸衣裳業を始めました。創業当時は、婚礼の貸衣裳は白無垢や色打掛といった着物が中心だったので、着物といえば京都というイメージから、思い切って「京都嵯峨野」という社名にしたのです。

三四郎 今は「ナシ婚」も増えているのに、これだけ売上を伸ばしているのは、やっぱりいろんな戦略があるんでしょうね。

ボス 40年前、父が創業した当時、貸衣裳業界は歴史の古い繊維問屋や呉服屋さんがほとんどで、当社は新参者でした。着物は高価なものであり、機(はた)を織る人も少なく、婚礼用の着物を作れる会社も限られ、流通量も少ない。旧弊な業界へ新しく参入するのは壁が高くて、とても苦労しました。

藤正さんの父である先代の社長は、「お客さまをだますようなことはせず、本物を届けたい、流行り（はやり）のいいものを流通させたい。それがこの商売をする上での私たちの存在価値だ」という思いを根底に、貸衣裳業界で闘った。

お客さまにいいものを
お届けしたいのです
（京都嵯峨野本店にて）

ボス　戦略というよりは、思いや信念でしょうね。今、勝負できるようになったのは、宣伝文句にありがちな「いいものを安く」ではなく、「いいものはそれに見合ういい金額で、安いものは安く」、適正価格でお届けしてきたからです。

お客さまにいいものを届けるためには、会社を大きくし、また、お客さまに理解してもらう必要がある。企業だから利益も必要だが、利益よりもまず従業員の教育や商品にお金をかけたい。お客さまのためになることにお金を使い、お客さまにお返ししたい。自分たちは金額に見合うサービスを提供できているだろうか……。そんな思いや悩みが多様な事業展開へと結び付き、結果として売上は伸び続けている。

和装結婚式の文化を次世代へ

貸衣裳業からスタートしただけに、ショールームに取り揃えている着物の数は半端ではない。会社の原点である本店2階の着物ショールームを訪れた三四郎は、広い部屋の壁一面を占める桐ダンスに目を丸くする。有名な府中家具の桐ダンスで、一竿が高価なものであると聞き――。

三四郎 えーっ!? タンスだけで全部で億近い! ここにどれくらいの着物を保管しているんですか?

ボス 約800着です。西日本一の品揃えで、パソコンで管理しています。最近は、着物に馴染みのない若い人に向けて、洋髪とのアレンジやカラーコーディネートを楽しめる着物を提案しています。

和装離れが進み、圧倒的に多くの新婦がドレスを選ぶ中でこれだけの着物を集めているのは、文化としての和装結婚式を次世代へ継承したいという熱い思いがあるからだ。

「広島ブライダル館」がオープン

次に三四郎が案内されたのは、2017年にリニューアルオープンした「広島ブライダル館」(南区西蟹屋)。ここには広島県内で唯一、海外で直接買い付けをしたインポートドレスなど、豊富なドレスコレクションや男性用衣裳を揃えている。

実は、2002年にトータルウエディングサロンとしてオープンした当時は人通りも少なく、広島市内でも立地が良くなかった。ただし、トータルブライダルは珍しく、広島ブライダル館のオープンが起爆剤となって、業績は右肩上がりに伸び、6年間で売上は倍近くになった。その後、近隣エリアにマツダスタジアムができたこともあり、今では人通りの多い町に変貌している。

column ○ 1

私の成功の法則

ダーウィンの「進化論」の名言を自分のビジネスの基調にしています。「最も強い者が生き残るのではない。最も賢い者が生き残るのでもない。唯一生き残れるのは、変化に対応できる生き物である」。

私たちは、ブライダルという伝統をずっと守っていかなければならない仕事をしている中で、伝統だけにしがみついてもいけません。自分たちが市場の勝者か敗者かはお客さまが決めることですが、たとえ勝者になったとしても、変化を恐れることは違うだろうと思うのです。常に変化への対応を意識し、挑戦と成長を続けていきたいと思っています。

売上の中心を担う広島ブライダル館を思い切って全面改装したのには、大きな理由があった。ブライダル市場の縮小を見込み、それまでバラバラの地域に出店していたジュエリー、引き出物、写真、旅行というブライダルの周辺産業を、このビルに集めてワンストップサービスで利便性を高めれば、お客さまに喜ばれることは間違いない。さらに、きめ細かい戦略もあった。

やっぱりテンション上がります！

ボス　各階ごとに、貸衣裳（ドレス・タキシード）、旅行、グッズと分けていますが、旅行会社はあえて3階です。1階に配置すると、一般のお客さまも入ってきます。多くの人が出入りする雑多な空間では、新婚旅行という特別な旅を演出するのに落ち着いて話ができないでしょう。

三四郎　なるほど、確かに。

また、ドレスコレクションは、幼いころに憧れた世界を再現して多くの女性にときめきを与えたいと、「夢の国」や「おとぎの国」の雰囲気といった、メルヘンの世界を表現している。インポートドレスは、イタリア、フランス、ニューヨークなどで年に数回開催されるショーに女性スタッフが行き、有名ブランドやデザイナーの作品を、直接買い付けてくる。

ブライダル市場の対象は、若い女性だ。花嫁の年代の感性にできるだけ近い、若い女性スタッフに任せることで、広島のインポートファッションの流れをつくっていきたい。そう考えて、社内の中堅スタッフからは反発もあったが、権限委譲を導入し、若い人の能力や仕事に向き合う姿勢を向上させている。

三四郎　相当高価な買い物だから、若いとプレッシャーもあるだろうけど、やりがいも大きいでしょうね。

ボス　実は、5年ぐらい前までは、ずっと年配の担当者だったのですが、知識やキャリアが上の人に対しては、意見があっても、若い人からは面と向かって言いにくいですよね。若い人を責任者にすれば、会議の場でも周りから自由な意見が出やすく、社内の活性化というメリットもありました。

「お客さまのために」と思うことは積極的に言い合える関係をつくり、群れではなくチームで考えて、仕事をしてもらいたい。それぞれが自分に与えられた仕事に取り組みながら、「お客さまに喜んでもらいたい」という、同じ目的をめざしてほしいと期待する。

イベントで広島のブライダルを活性化

お客さまに喜んでもらいたい。その思いの一つの表れとして、広島のブライダルを活性化する「BRIDAL－VISION（ブライダルビジョン）」というイベントを、2017年から毎年4月に紙屋町地下街のシャレオ中央広場で開催している。イベントでは、ブライダルメイクのポイントや最新ウエディングドレスのファッションショーなど、今の結婚式や披露宴を知ってもらう。

この催しのきっかけとなったのは、4～5年前に広島パルコのショーウインドーでウエディングドレスの新作を展示したときのこと。スタッフが忙しく設営する傍らで、一人の4、5歳の女の子がいつまでもその場を離れようとせず、瞳を輝かせてじーっと見つめていた。その姿で思い出したのは、小さいころの女の子の夢に「花嫁さん」が必ず入っていたこと。

ボス　女性の「お嫁さんになりたい」という思いはすごく強いことに、ハッと気づいたんです。

三四郎　ウエディングドレスは、やっぱり女性のあこがれですよねぇ。

それまでウエディングの業界は、ターゲット層が極端に絞られるため、宣伝とはほとんど無縁だった。CMがあふれている現代社会で、こんなにピンポイントにしか宣伝・広告をしない業界はヘンだなと疑問に思っていた。しかし、お客さまを閉ざしていたのは、これまで業界のトップを行く人たちが投資しなかったため、皆がそれを真似していただけではないか。

では、自分たちがすべきことは何か。花嫁さんの奪い合いではなく、子どものころの「花嫁さんになりたい」という夢をずっと残させてあげることではないか。夢や憧れは、現実の生活の中で薄れていく。自分たちがウエディングドレスでも、ヘアメイクでも、写真でも、見せてあげることで、きれいな花嫁になるという明るい未来を描く気持ちを残してあげられるかもしれない。毎年イベントを続けることで、シャレオを通ったときに「あ、ここで結婚式のイベントをやっていたね」と思い出してくれれば、いつか結婚式のことを考えてくれるだろう。

「ブライダルビジョン」の様子

ボス 入籍するといった現実的な結婚の話ではなくて、小さいころに思い描いた夢を残してもらいたいと思うのです。

お客さまのわがままに応えられる会社に

ブライダル業界が宣伝に力を入れなかったのには、適齢期以外の人に訴えかけても意味がないという理由のほかに、多くの人が結婚式場を決めることに重きを置くため、式場が決まれば付随して業者が決まってしまい、宣伝の必要がないというのもあった。1996年、広島市内に初の「ブライダル情報センター」をオープンして、そんな慣習を打ち破ったのが京都嵯峨野である。

ボス お客さまのご相談にのり、ご希望に沿う式場へとこちらからお連れする。ほとんどすべての式場と業務提携できており、当社は式場以外の業務に関わることができるのです。

現在、「ｔｓｓ」「広テレ！」「ＨＦＭ」の各ブライダル情報センターの3ブランドで計7店舗を展開している。婚礼数が減少する中でもシェアを拡大し続け、今や日本で最も成功したウエディングのエージェントだ。といっても、自己利益のためだけにウエディングの周辺業務に関わっているわけではない。

ボス　例えば、結婚式のトラブルで多いのは、美容師とカメラマンです。彼らの技術は、知識と経験の量に比例します。だったら、美容も写真も当社で行うことで、彼らは圧倒的に多くの経験ができ、クオリティの高い技術が得られます。

三四郎　スタッフの技術向上にもつながっているわけだ。

ボス　それに、関連業務を当社で行えば、挙式当日に最高の花嫁さんになってもらうために、一つのチームとしてスタッフ同士が情報共有でき、完璧な仕上がりをめざせます。

旅行会社をつくったのも、本来、ウエディングは楽しくプランをつくっていくもののはずなのに、旅行業者はすぐに予約の話をして、まず予約をとりたがる——これではダメだという思いからだった。

ボス　僕の場合、お客さま第一とは多分違います。自分がお客だったら、こうしてほしいとわがままが言えるかどうか。私たちは、そうしたわがままに応えられる会社じゃないといけないと思っています。

女性が働きやすい職場づくり

藤正さんは、「ＣＳ（顧客満足）よりもＥＳ（従業員満足）が大事」だという。

パートを含めて約２００人のスタッフのうち、約9割が女性。これまでに産休・育休から復帰した女性は20人近くにのぼる。このほか、季節ごとの「シーズン休暇」制度など、休暇取得の推進に積極的に取り組んでいる。

ブライダルの仕事は土曜・日曜が中心のため、出産後に子どもの預け先がなく、働きにくいのがネック。戻ってこられる場所をつくれば、離職も少なく、長期間働いてくれる。

そこで平日勤務だけの職場として、２０１7年に貸衣裳のクリーニングやお直しを行うメンテナンス工場を建設した。また、２０１9年には初の女性執行役員2人が加わった。もっと女性の取締役が活躍してほしいと願い、将来的には社内保育園を開設したいとも考えている。

女性スタッフも、たくさん活躍中！

そんな京都嵯峨野は、「広島県働き方改革実践企業」に認定され、「広島県仕事と家庭の両立支援企業」にも登録されている。

広島で唯一！ブライダル情報誌を発行

三四郎 ブライダル情報誌も出してますよね？

ボス 年に2回、「Be Bridal HIROSHIMA Wedding's」という、ブライダル情報誌を発行しています。

三四郎 目の保養にもなりそう。

ボス お客さまに楽しんでもらうために作っている雑誌です。皆さんが本当に興味があるのは、結婚式のスタッ

column 2

私は失敗をこうして乗り越えた

大学を卒業後、入社して最初に配属されたのは、当時つくったばかりの旅行会社でした。「何で旅行会社をつくったのか？」「何でこの仕事をしているのか？」「自分は何をすればいいのか？」仕事自体の意味が分からず、社長である父のもとへ何度も聞きに行きました。そのたびに、父が納得いくまで答えてくれたのはありがたかったです。

結局、この旅行会社を売上２億円から６億円へと導き、私たちの求める旅行会社ができたのを見届けて、次は写真業へ、さらにその次には美容業の立ち上げへと、挑戦していきました。偉大な父が自分の疑問に答え、自分を上手に使ってくれたように、自分がトップになった今、スタッフに応え、導いてあげられたらいいなと思っています。

フがどんな仕事をしているかなど。人の紹介には特に力を入れています。
お客さまが欲しいのは現実的な広島の情報で、全国誌にある全国の情報など意味がない。だから地方誌は大切なんです。儲かりませんけどね（笑）。

この業界では、結婚式場が決まると関係する業者も決まっていた。お客さまは仕方なく、そこに決めざるを得ない。しかし、「仕方ないから決めた」ではなく、「あなただから決めた」と言ってもらいたい。

ボス　「仕方ない」を「あなたで良かった」に変えられたとき、その先にはお客さまの笑顔があります。私たちの仕事はそんな仕事だという気がするんです。

三四郎　僕たちも同じかな。たくさんの笑顔をつくっていかなきゃね。

株式会社 京都嵯峨野

所在地	広島市南区段原 2-14-4
事業内容	総合ブライダル企業（①婚礼衣裳の総合レンタル事業、②結婚式場紹介・旅行・婚活事業、③写真・美容事業、④引出物・ジュエリーなど物販事業）
設立	1980 年 4 月
資本金	4,700 万円　　売上：29 億円（2018 年）
グループ従業員	220 人（パート含む）

100年企業をめざして

前田政登己さん

どん底からの大逆転！
リフォーム業界のボス

株式会社 **マエダハウジング**

代表取締役
前田 政登己さん

総合リフォームの売上で、6年連続広島県内トップクラスの実績を誇る、株式会社マエダハウジング。県内にリフォーム・新築・不動産業務を手掛ける7店舗を展開し、不動産売買仲介の株式会社マエダハウジング不動産、オフィス、店舗改装を行う株式会社マエダハウジングプラスなど4社で構成される、マエダハウジンググループの文字通り〝核〟となる会社だ。そして、一代でこの会社を築き上げたのが、代表取締役の**前田政登己**さん。その成功の秘密を解き明かしていこう。

（放送日／2019年3月24日・31日）

boss profile

前田 政登己（まえだ・まさとみ）
1965年　兵庫県姫路市で生まれる
1993年　「マエダハウジング」個人創業
1995年　「有限会社マエダハウジング」設立。代表取締役に就任
2001年　「株式会社マエダハウジング」に組織変更

たまたま入ったリフォーム業界

三四郎　わぁ、なんだか落ち着きますね。

ボス　家にいるような過ごしやすさを、意識しているんです。会社訪問などで訪れた若い人にも、「ここで働きたい」と思ってもらえればうれしいですね。

広島市のど真ん中、中区八丁堀にある自社ビルは、意外なほどシンプルで落ち着いた佇まい。オフィスは、働く環境も上々で、テーブルの配置なども工夫して、スタッフ同士のコミュニケーションを促す仕掛けになっている。人を大事にし、人材育成に力を注ぎ、約90人の社員を率いるボスが、前田さんだ。

マエダハウジングは、数十万円の部分的なリフォームから数千万円の全面改装まで、大小合わせて年間約1800件を施工。人口減少の時代に、2008年の売上高6億円から2018年には20億9000万円へと、10年間で3倍強、驚異の15億円アップを成し遂げている。

三四郎　住宅事業にもいろいろありますけど、どうしてリフォームにこだわりを？

ボス　僕が最初に就職したのは、自動車メーカーでした。でも、そこでは将来像が見えない気がして、3年で退職したんです。

三四郎　それって若気の至りってこと？

こちらが
八丁堀店の店内

ボス　まあ、ズバリそうですね（笑）。で、その次に面接を受けた1社目の会社が、たまたまリフォーム業界だったんです。有名タレントをCMに起用して派手な宣伝をしていた会社でした。

ところが、入社してみると驚きの連続。営業は売りっぱなし、現場は職人に任せっぱなしの売り逃げ。なんていい加減な業界だろうとあきれた半面、リフォームの面白さにも触れた。リフォームの生命線は、リピートと紹介、つまり評判である。評判が良ければ、口コミで仕事は来る。

そこを1年で辞めたあと、先輩社員に付いて独立し、小さなリフォーム会社を起こした。ところ

が、それから1年も経たない、正月の仕事始めの日、出社すると、会社はもぬけの殻になっていた。社長である先輩が夜逃げしていたのだ。

実はボス、いろいろあったんです

度重なるトラブルをバネに

まさかの社長の夜逃げ。目の前が真っ暗になり、わけが分からない状況の中、前田さんは職人たちから囲まれて「金を払え」と責め立てられた。自分自身も給料の遅配が続いていたため、手元には1万円もなかったけれど、これが運命なら仕方ない、自分で起業するしかないと腹をくくった。

1993年、前田さん27歳。起業欲など全くなかったが、母親譲りの楽観的な性分もあって、とりあえず名刺屋さんへ走り、印刷した社名が「マエダハウジング」だった。その日から個人のお宅を1軒ずつ回って、営業の日々。見積もりの出し方も分からないから、本屋に駆け込んでは初歩の初歩から勉強した。工事を依頼した業者からは「兄ちゃん、支払いの方は大丈夫?」などと言われながら、2年間、一人で突っ走った。

3年目になると、さすがに一緒に夢を語る仲間が欲しくなり、営業社員を2人採用した。しかし、それもつかの間、毎日夢を語り合い、信頼していた2人の社員の横領が発覚。またも、どん底に突き落とされた。

三四郎　それはキツイですね。

ボス　あのときばかりは、人間不信に陥りました。お客さまもパタッと途絶え、焦りました。でも、会社は絶対に潰してはいけない。潰れたら、お客さまにも、取引先にも、今だったら社員とその家族にも迷惑をかける。何一ついいことはない。誰よりもそのことが身に染みて分かっていたから、会社を潰すわけにはいきませんでした。

それから後もピンチの連続だったが、前田さんの中にあったのは、「正しいかどうか」「この先長く続くかどうか」。常にこの2つが羅針盤だった。

ボス 会社が潰れるのは資金がショートしたときです。赤字とか黒字とかではない。黒字倒産は山ほどあります。そしてパイが大きくなるほど、資金がショートする確率は高くなります。だから、僕は100億円売り上げる企業にすることより、100年続く企業をめざすのです。

自然素材とデザインがウリ

小さな水回りのリフォーム会社からスタートし、取引先や業者との約束をひたすら守る誠実さを武

column 1
私の成功の法則

経営者の行く手にはいくつもの壁があります。それを乗り越えようと思ったら、戦略や戦術よりも大事なのは経営者の「思い」です。「これが正しい。何が何でもやり遂げるんだ」という思い。それがベースです。思いがなければ会社は続きません。しかし、思いだけでもうまくいかない。従業員がいて、お客さまがいて、会社を永続させようと思えば、業績も上げ、利益も出さなければなりません。日々の資金繰りに汲々としていたのでは、お客さまのことや社員のことを考える余裕もなくなります。思いと業績。その両輪が必要であり、どちらか片方でも会社経営は続かないと思います。

器に、信頼関係を一つひとつ積み重ねて成長していった。

最初のピンチがやってきたのは、創業から10年経ったころ。大手家電量販店などがリフォーム業界に本格参入し、量と価格で攻勢をかけてきたのだ。規模でもネームバリューでも、勝負できるはずもない。しかし、「企業の命題は長く続くこと」という信念を持つ前田さんが、オメオメと引き下がるわけがない。

ここで打ち出したのが、ホンモノへのこだわり。大手を相手に勝ち抜くために、床材や壁材に自然素材を使う独自のリフォームで差別化を図り、勝負することを決意した。ちょうどシックハウス症候群や化学物質過敏症が話題になり、改正建築基準法によるシックハウス対策法が施行されたころだった。マエダハウジングは「自然素材とデザイン」をウリに、安全・安心を謳うことで顧客を獲得していった。

ボス　口に入れる野菜も、低農薬より無農薬の方が体のためにはいいでしょう。家も、低ホルムアルデヒドよりゼロホルムアルデヒドの方がいいに決まっています。

三四郎　家づくりも農業も一緒なんですね。

自分たちが使いたくない物はお客にも勧めたくない。社員が自分の家のリフォームをどこで施工してもらうかは、会社を見る一つのバロメーターになるが、マエダハウジングの社員はほぼ全員が自社でリフォームしているという。

ただ、自然素材はコストが高いのが悩み。そこで打った手は、お客自身の手で壁塗りをしてもらうこと。人件費が浮いてコストが抑えられる上、住まいへの愛着も生まれ、大切に住んでもらえるなど、予想以上にメリットがあった。

人気は中古物件＋リフォーム

自然素材とデザインを前面に押し出すことで、会社の売上は4億円から6、7億円へと一気に上がった。しかし、いいときこそが一番危ない。

中古マンションリノベーション例

中古戸建てリノベーション例

三四郎　それはどういうこと？
ボス　今も僕自身の戒めにしていることですが、勘違いして調子に乗ると、足元をすくわれてしまいます。

何となく嫌な予感があったのが的中し、あるとき注文の電話がピタッと鳴らなくなった。２００８年のリーマンショックによる世界不況の到来だった。景気が悪いと、人はリフォームしようとはしない。とりわけ顕著なのが大型リフォームで、パタッと依頼がなくなった。

そのころ、すでに不動産業界に参入していたが、住宅関連のイベントなどで多くのお客と話してみると、中古物件を購入してリフォームしたいという多くの声が聞こえてきた。

当時は不景気で、平均給与は右肩下がり。賞与も出るかどうか分からない。そんな状況では新築住宅には手を出せないけれど、広島市内の2LDKの平均家賃7、8万円の範囲内のローンでマイホームを持てるのであれば、中古住宅の購入を前向きに考えたいという人は少なくなかった。例えば、１５００万円の中古物件＋１０００万円の全面リフォームで計２５００万円。その金額でローンが組めれば、家賃と変わらない支払いでマイホームを持つことができる。早速リサーチしてみると、すでに首都圏では中古物件＋リフォームが人気を博していた。「これだ！　リフォームするだけでなく、不動産も取り扱おう」。

中古物件＋リフォームを広島にいち早く持ち込んだのは、前田さんである。

三四郎　それでうまくいったんですか？
ボス　いいえ。雑誌や情報誌を作ったり、テレビや新聞でも取り上げてもらったりして、おかげで業績は上がりましたが、当時の広島では時期尚早でした。

うまくいかなかったのは、一つには人材の問題もあった。不動産の有資格者が必要となり、資格さえあれば誰でもいいからと採用したが、それでうまくいくはずがない。それから4年間は鳴かず飛ばずの状態が続いた。しかし、これから中古物件＋リフォームの時代がやってくるという前田さんの確信が揺らぐことはなかった。

2006年に住生活基本法案が閣議決定され、国は「新築着工（フロー）から既存（ストック）住宅へ」という方針を打ち出した。人口減少、空き家の増加を背景に、国の住宅政策は空き家をリフォームして、若い人に住んでもらう方向にシフトしていく。リフォーム市場も中古住宅市場も拡大が見込まれ、大きな追い風となった。

2008年、前田さんはリノベーションありきの不動産会社があってもいいだろうと決断し、株式会社マエダハウジング不動産をオープンした。

リフォームも専門店化の時代

とはいえ、何もかもがトントン拍子に進んでいったわけではない。例えば、中古物件＋リフォームで2500万円の提案をしても、全額の銀行融資が認めてもらえない。ここでも先行している首都圏をお手本にしながら、協力してくれそうな銀行を探した。「お客さまのために」との思いで走り回り、融資の問題もクリアできて、ここ5、6年で事業は一気に伸びた。

三四郎　そこからは業界トップへの道をスイスイと?

ボス　いえいえ。さらに3つ目のピンチがやってきました。今度は総合スーパーやIT企業までがリフォーム業界に参入してきたのです。

しかし、大手が参入するということは、リフォーム業界が成熟してきたということだ。前田さんは、成熟した業界では細分化・専門化が進むと考えた。そこでお客のニーズに細かく対応するために、次は水回り専門店や外壁専門店など専門の事業部を立ち上げた。

自社内で職人を育てる

ボス　業績が良いときにこそ、いかに次の一手を打つかが大事です。本当に悪くなって、焦って手を打ってもなかなかうまくいきませんからね。

今、力を入れているのが、人材の育成。前田さんは、一緒に仕事をする人には経験や実績よりも、自分と同じ価値観の持ち主であるかどうかを重要視してきた。その価値観の基準にしているのが、「人の喜びが自分たちの喜びに感じられるかどうか」である。

みんなで力を合わせて！

ボス　この仕事は、「人」で選ばれます。完成物を何も見せていないのに買ってくださるのは、人で選んでもらっているからです。だから、人の教育には特に力を入れています。人間力を上げていくしかないのです。

マエダハウジングカレッジで行う社員教育は、知識よりも人間力の養成を図る。約60社ある協力業者の職人さんとも、20年前から定期的に勉強会を開催。共に現場のマナーや安全、経営などを学ぶ場をつくっている。

さらに、自社職人の育成にも力を入れている。国内の大工の数は年々減少するばかり。現場で求められるのは、一人で複数の作業がこなせる職人、「多能工」だ。そこで、自社内で多能工の育成にも取り組んでいる。

高断熱・耐震の家づくり

一戸建てのリノベーションの場合、内装と水回りのリフォームが主で、耐震・断熱まではできていないのが現状だ。だが、築年数を経た住宅であるほど、本当にそれでいいのかと前田さんは疑問視する。

ボス ヒートショックで冬場に亡くなる人は、年間約1万7000人。この数字は、交通事故による死者の約5倍といわれています。交差点よりも、実は家の中の方がよほど危険なのです。

三四郎 そうなんですか？ 知らなかった！

ヒートショックの死者が多いのは香川県で、意外に少ないのが北海道。これは、外気温が問題なのではなく、家の断熱性能が問題だということである。しかし、断熱に対する意識が低いと、断熱のリフォームは難しい。また、耐震性能に関しても、広島県の意識ランキングは全国ワースト1位。これを何とかしなければと、リフォーム会社として、震度6強の地震に耐えられる耐震等級3と高断熱の性能向上リノベーションに挑戦しているところだ。

column 2

私は失敗をこうして乗り越えた

リフォームの現場で、現場監督と職人さんの携帯での会話を聞いたお客さまからクレームの電話が入ったことがあります。急に打ち合わせに行けなくなったため、その場を適当におさめておくという内容を聞かれ、「うちの家の工事を適当にやるのか」と怒ってこられたのです。現場では「ふすま1枚隔てて聞いているよ」「向かいの人はカーテン越しに見ているよ」。それをいつも意識して仕事に取り組んでもらいたいと、スタッフ全員に言っています。工事後のアンケートハガキで書かれているのも、ほぼ人のことです。この仕事は人で選ばれています。だから、現場のさまざまな情報や気づきを共有して分析できる勉強会が大事なのです。

目標は地域で輝く100年企業

今後のビジョンについて、前田さんの中で出来上がっている青写真は――。「広島を、いい笑顔に」をビジョンに、超高齢社会の住まい方や新しい暮らし方の提案をしていくこと。お客に価値あるサービスを提供し、「ありがとう」と「よかった」が広島一多く集まる感動コミュニティ企業になること。そして、最終的な目標は、地域で輝く100年企業になることだ。

ボス　住宅の寿命の平均年数は、アメリカが66年、イギリスが80年、日本は32年といわれています。でも、日本の家もうまくリフォームして子どもや孫の代まで住み継ぎ、つなげてほしいと思います。

三四郎　時代を読んで、業態を変化させ、対応していったボス。だから会社も大きく成長できたんですね。

株式会社 マエダハウジング

所在地	広島市中区八丁堀 10-14　八丁堀マエダビル３F
事業内容	①住宅リフォーム、②リノベーション・新築の設計・施工・管理、③不動産売買仲介、④メンテナンス、⑤オフィス、店舗改装
創業	1993 年 1 月
資本金	1 億円　　売上：20 億 9,000 万円（2018 年）
グループ従業員	87 人

学ぶ理由を伝えたい！

峯岳徳さん

西日本に約80教室の塾を経営

教育界のリーダー

株式会社 **鷗州コーポレーション**

代表取締役社長

峯 岳徳さん

（放送日／2019年4月7日・14日）

鷗州コーポレーションは、「鷗州塾」の名で知られる学習塾を、広島県を中心に大阪府・岡山県・山口県に約80教室展開している。中区の並木通りにある本社は、まるでシティホテルのようなおしゃれな構え。

「すごい立派。塾っぽくないよ」と驚く三四郎を、「さんちゃん、こっち！」と明るくフレンドリーに出迎えてくれたのが、代表取締役社長の**峯岳徳**さんである。早速、授業を見せてもらうために、鷗州塾広島駅前本校へ案内してもらう。

boss・profile

峯 岳徳（みね・たかのり）
1962年　福岡県で生まれる
1988年　「株式会社鷗州社」（現 株式会社鷗州コーポレーション）に入社
2017年　代表取締役社長に就任（3代目）

「授業とは」を細かく定義

三四郎　本社だけでなく、塾の外観も変わってますね。塾って感じが全くしない！

ボス　それが狙いです。先代の二人の社長が外観にもこだわって、おしゃれで綺麗な教室で勉強すると、生徒の学習意欲がより高まるのではと考えたのが理由です。

三四郎 玄関の前に、石の招き猫！ 大きい！

ボス 招き猫に触ると運気がアップすると言われていて、縁起を担いで受験前には生徒たちがよく触ってます。触ってみませんか？

三四郎 へぇ。生徒に選び続けてもらうために、いろいろ工夫しているんですね。

ボス 他にもありますよ。まず、うちの塾では「授業とは何か」を、具体的に文章化して細かく定義しています。例えば、教師の外見も大切な授業。清潔感のある服装を心がけることも授業だから、眼鏡が汚れて曇っているのもNG。腕組みも避け、「こんなことも分からんのか」という言葉も雰囲気も用いません。生徒に否定や拒絶と映り、モチベーションを下げることが多いのです。

もちろん講義は大切だが、黒板の前に立つ姿にも、こだわりを持っている。そのため現役教師時代、テキストを見ながら講義することはなかった。

ボス 「この先生はテキストを見ながらでないと、授業できないのか」と生徒に思われたくなかったからです。授業を受ける側の感覚を忘れてはダメ。自分が生徒だったらどういう授業が嫌かということをすべて洗い出して、「良い授業とは何か」を分析し、授業のノウハウをデータベース化して、全教師が共有できるようにしています。

知識や教え方をデータベース化

データベースに入っている、授業に関わる知識や授業の展開方法はすべて、必要に応じて教師が自由に活用できる。その件数たるや、9万件弱。良いと思う指導法を全教師が共有することで、教師全体の指導力を底上げでき、結果として、生徒全員の成績も上がることになる。

三四郎 でも、効果があるやり方や教材は自分だけのものにしたいというか、ほかの先生には教えたくないと思っちゃいそうだけど……。

ボス うちも元々は、教え方や情報などの「知」を共有していませんでした。皆で協力してシステムを変えたんです。

最初の3年間は、一人でデータを作って、持っている知識をすべて公開した。その後、ほかの教師たちにそれが広がった。400人の教師が年に10件出したとして、年に4000件。やり始めて20年になり、トータルで9万件のデータが蓄積されているのだ。

ボス

各教師の良い教え方を共有し、それぞれの知識を結集すれば、みんなですごい先生になれます。一人で天才になるのではなく、教師全体の知恵を共有して、みんなで「集合して天才」になりたいのです。全員で授業の質を高めよう、より良いものを生徒に提供しようという文化。それをつくり上げることが狙いで、今ではすべての先生方が行動してくれています。

私たちにとって何が喜びかというと、塾生たちが努力をしてくれること、そして学力が上がっていくことが最大の喜びですから。学ぶ楽しさを伝えたいんです！

授業はスゴかったです！
（入社した教え子さんたち）

離職率は業界平均の半分以下に

三四郎　教師を始めたころって、どうでしたか？

ボス　私は、勉強も社会も苦手でしたが、社会、英語、国語を担当し、10年間小・中・高校生を指導しました。自分の苦手な教科を教える方が、自分が分かろうとしていろいろ調べますから、生徒にも分かりやすい説明につながると思ったのです。
自信など全くなく、実際、最初はどう教えればいいか全然分かりませんでした。

準備万端で授業に臨んでも、特に小学生は予想外の質問をしてくる。新入社員時代は、睡眠時間を削って知らないことを調べ、朝4時まで勉強して8時起床という日が続いた。例えば苦手な社会科では、日本なのになぜ「リアス」海岸という名前の海岸線があるのか、なぜカタカナ表記なのかと、細かいところまでこだわる。図書館や書店で調べるのはもちろん、大使館にまで電話をして質問することもあった。

ボス　私が5時間かけてたどり着いた知識を公開し、新入社員がすぐに見ることができれば、その5時間をほかのことに使えます。また、そこに独自性が加われば、より強くなる。新入社員は、気持ちや知識はあっても、伝える技術は経験不足な場合が多いですが、初めは粗削りでも、だんだん自分のスタイルができて、育っていくのです。その時かけるべきところに時間をかけ、省けるところは省けばいい。先輩の知の蓄積をみんなが見られるようになれば、弱点克服に時間をかけることができ、働き方改革にもなります。

こだわった良い授業をすれば、必ず成果は生徒の成績に表れる。さまざまな数字が社内で公開されているが、成績上位の教師は方法論を公開して、全社員で共有する「究極に協力しながら競争する文化」がある。また、「人にはそれぞれに良いところがある」という考えから、成績だけでなく、いろいろな分野でも表彰する。２０１９年は、約３００人の教師のうち２３１人が表彰された。

column 1

私の成功の法則

新入社員のころ、授業後に、毎日生徒たちに缶ジュースを買って、一緒に飲みながら勉強方法や悩みなどについて話していました。勉強のために、「岩波新書」を毎日1冊買って、読んでいたんです。昼食代を書籍代にあてていたため、1着の夏物スーツを１年中着ている生活でした。そんな私に、生徒たちが小遣いを出し合って、冬物スーツをプレゼントしてくれたのです。袖が擦り切れ、今では太って着られないそのスーツは宝物です。教師冥利に尽きますね。今、社員の約3分の１が卒塾生。私の教え子も51人が入社してくれたのは嬉しいことです。大事なのは生徒であり、その生徒を教えている先生たちだと常に意識し、行動しています。

休日に関しても、ゴールデンウィークは全校を休みにし、社員は10日間の休みになる。会社の仕組みとして長期休暇に組み込み、6月、10月にも3～5日の休みがある。週休3日を希望する社員には、希望に沿った働き方をしてもらっている。さらに育児や介護の都合で短時間勤務も多い。社員が育休後に復帰するのは当たり前になっている。峯さんが社長に就いて3年、離職率は業界平均の半分以下になった。

現役合格にこだわる

三四郎　ゴールデンウィークに塾が休み？　生徒の方は遊んじゃいそうだけど？

ボス　よく定期試験対策とか言いますが、それが本当にいいのでしょうか。安易に手を差し伸べることは正解ではない。生徒一人ひとりが自発的に勉強するスタイルになるべきだと思うんです。もちろん家に帰っても復習できるように、インターネット映像授業（映像web講座）も整えています。自分で問題を解決する力は、将来必ず役に立ちます。

放りっぱなしにするわけではなく、サポート体制を整えた上で、生徒の自発的な学びを促しているのだ。もう一つ、鷗州塾がこだわっているのが、現役合格。きれいごとを言っても、1年浪人することのロスは大きい。だから初志貫徹をめざし、現役で合格してもらうためのカリキュラムや仕組みづくりに力を入れている。合格した生徒と浪人した生徒のインタビュー映像を生徒の目につく場所で放映することで、後輩の生徒は刺激をもらい、現役合格のメリットを理解し、自分の将来像を具体的に描くことができる。一時期、浪人生のために浪人部をつくったこともあるが、今は廃止し、その結果、現役合格率は上がった。

鷗州塾の教育理念は、「良き敗者たれ」。常日頃から、生徒にも、社員にも、この言葉を伝えている。入試では徹底的に合格実績にこだわり全員合格をめざすが、思うようにならない生徒もいる。その時に、下を向いて立ち止まるか、前を向いて進めるかで将来は決まる。

ボス　チャレンジして、たとえうまくいかなくてもあきらめず、次の目標に向かって努力し続ける人を「良き敗者」と呼んでいます。挫折回復力（心を前向きに回復する力）を持ち、「なにくそ！」と歯を食いしばって、次の目標に向かって頑張り続ける人。そんな「良き敗者」はいつか必ず勝者になります。

中学や高校の入試で思うようにならなくても、最終的に第一志望の大学に合格し、社会で成功している生徒をたくさん見てきた。入試は、形を変えて一生続く。

ボス　逆に、「悪しき勝者」は油断して、いつかつまずくかもしれません。勉強が楽しいと思ってくれる人が増え、努力し続ける喜びの分かる人間になってほしいのです。

トップを走り続けた現役教師時代

大学では、社長になりたいという軽い気持ちで商学を学んだ。これは後に実現したわけだが、卒業後は、アルバイトをしながら趣味の車のレースに出場するなど、遊んで暮らしていた。2年経つと、さすがにこれではダメだと思い、故郷の福岡に近いという理由で「鷗州塾 小倉校開校予定」の教員募集に応募し、めでたく就職。このときも、先生ぐらいならできるだろうという安易な考えだった。小倉校が開校に至らなかったため、「鷗州塾 呉校」の教師としてスタート。しかし、現実は思っていたほど甘いものではなかった。そこから猛勉強の日々が始まった。すると、社内の教師の中で成績が一番になった。合格率も、生徒数の増加も、すべての指標でトップ。10年間成績一番で、社員大会で表彰された。

三四郎　それは、すごい！
ボス　トロフィーをもらい、報奨金をもらい、かつての私はそれに満足していました。非

「常に弱く、あさましい自分がいたんです。でも、あるとき気づいたんです。「俺が一番でもしょうがない。うちの会社が一番にならないと意味がない」と。」

10年間の現役教師時代にはトップを走り続け、4年目に地区の総責任者になると、地区の成績も一番を取り続けた。その後、取締役になり、自分の授業がなくなった。教師なのに生徒への授業がないなら、誰に対して授業すればいいのか。

「**ボス** 社員に授業をするしかないんです。それで、社員に良いものを全部公開して、「鷗州塾の文化」をつくりたいと思いました。」

今はかりそめで経営者をしているが、またいつでも授業ができるように、自身の研究は怠らない。休日は、趣味の車で全国各地にある歴史上の人物のお墓や史跡巡りをする。最近では小野妹子の墓、伊能忠敬の生家などを訪れた。卑弥呼の足跡はずっと追い続けている。その中で実際に撮った写真を生徒に見てもらうことで、生徒の授業の聞き入り方や学習意欲、思考の仕方が違ってくる。そうした写真と文章は現役の教師と共有し、授業でどんどん使ってもらう。

すべては生徒たちから教えられた

ボス　私の成績が良かったのも、いい生徒に恵まれたから。いいポジションを得て、最終的に社長にしてもらえたのも、生徒にしてもらったのだと思っています。いろんなことを生徒に気づかせてもらいました。今では教え子の子供が入塾してくれます。今年は38人入塾してくれました。

今も卒塾生たちとは頻繁（ひんぱん）に会っている。社会人になった教え子に言われ続けたのが、「これからは英語！　ビジネスの場では英語が不可欠」ということ。医者になれば、論文は英語。中東の石油プラント関連の仕事に関わったら、設計書も仕様書もすべて英語だ。

一方で、放課後に学校から塾へ来る生徒たちからは、「鷗州塾が学校ならいいのに」という声をよく聞いた。そこで、実現までに時間はかかったが、つくったのが英語に強いバイリンガルの幼稚舎、世界で活躍できる子どもを育成する教室、ニュージーランドの高校、そしてオンライン英会話だった。「英語で学ぶ教育」を実施する中高一貫のＡＩＣＪ中学・高等学校もつくった。ロボット制作やプログラミングを行う教室も展開している。これら新時代の教育は、すべて生徒たちに求められて実現したことだ。

三四郎 一番大切にしていることって、何ですか？

ボス 一番の財産は生徒であり、その生徒を教えている先生たちです。建物も施設もいいに越したことはありませんが、あくまで付随的なもの。塾が永続していくためには、生徒を大切にすることが基本です。その認識があれば、例えば授業中に頬杖をつく生徒がいたら、教師はその生徒を怒る前に、自分の授業がつまらないんだということに気づきます。

生徒の学習姿勢や成績は、必ず教師側に原因がある。なぜこの子はこんなことをしているのかと興味を持てば、人間は自分に興味を持つ人に対して信頼してくる。その生徒が成長して、社会の中核を担う人物になったり、オリンピックのメダリストになったりするかもしれない。生徒を一生大切にすることは、世の中への貢献にもつながっていく。

学ぶことは楽しい

ボス 今までの入試は「より速く正確に解く」でしたが、私たちはその教科を学ぶ理由を生

徒に教えたいのです。学ぶことが楽しくなったら、勝ちです。暗記や詰め込み、試験対策などが、社会に出たとき、本当に役立っていますか?

例えば、複雑な立体の体積を誰よりも速く正確に解くことも大切ですが、体積が分かってどうするかということです。その思考ができれば、無駄に天井の高い(体積が大きい)部屋の天井を下げて(体積を減らして)、光熱費を下げよう、という発想もわきます。

なぜ学ぶかが大事なんですね

単純な暗記や、問題をたくさん解くなどではなく、一つの問題を通じていろいろな発想ができるようになれば、世の中に出ても、いろいろな問題に対応できるようになる。

「自ら学ぶ」姿勢は、社会人になったとき必ず役に立つ。その力をつけてほしいと願う。もちろん基礎学力はたくさん身に付けておいた方が良いが、教育には多様性がある方が良い。

ボス 「さかなクン」て、いますよね。極端に言えば、たくさんの「さかなクン」を育てたいのです。「さかなクン」は、ひょっとしたら歴史上の人物のことはあまり知らないかもしれませんよね？　でも海洋生物への愛情、知識は凄いです！

峯さんが10年間で送り出した卒塾生は約３０００

column 2

私は失敗をこうして乗り越えた

これも新人時代の話ですが、授業が終わった後、生徒が教務室に来て大勢の先生の前で、「この先生の授業、全然面白くない！」と大声で言ったんです。頭が真っ白になりました。そこから一方的な伝達授業を見直し、授業以外でも生徒との距離を縮めることが、良い結果につながることに気づきました。教え子の卒塾生とは、今でも日常的にさまざまな場面でつながりがあります。毎週のようにいろんな教え子と会って、「同窓会」をしますが、そのときは、教え子が偉い社長になっていても、私は先生ですから私が奢（おご）ります（笑）。

人。鷗州塾全体の卒塾生は約27万８０００人。「それが私の財産」と、満面の笑みがこぼれる。

ボス 医者も、弁護士も、スポーツ選手も、表現者も、そしてここ鷗州塾にも、あらゆる業界に卒塾生がいっぱいいてくれます。病気をしても、何か困ったことがあっても安心です。

三四郎 講座もたくさんありますよね。

ボス 塾の形も、教えることも、時代の要請に応じて、変えていかなければ。多くの講座があれば、今まで受験塾に来なかった生徒も入塾し、塾の可能性も広がります。もしかしたら20年後には、「笑いは寿命を延ばす重要な要素だ」となって、漫才の講座をつくっているかも。そのときは三四郎さん、講師に来てくださいね。

三四郎 ぜひ行かせていただきます。でも、恥ずかしいな。

株式会社 鷗州コーポレーション

所在地	広島市中区中町 1-1
事業内容	学習塾・パソコン教室等の経営および各種関連事業の企画・開発・運営
創業	1986 年 6 月
資本金	3 億 5,700 万円　売上:42 億 8,600 万円(2018 年 3 月期)
従業員	428 人

中四国トップクラスのシェア！

笹野正明さん

業務用青果卸業界の
チャレンジャー

おおたけ 株式会社

取締役会長
笹野 正明さん

広島市中央卸売市場近くの西区草津港に広島本社を構える、おおたけ株式会社。青果の業務用卸で中四国トップクラスのシェアを誇り、さらにカット野菜の製造加工にもいち早く取り組んでいる。
建物2階にある会長室を訪れた三四郎を出迎えてくれたのは、壁一面にところ狭しと並べられた、歴代カープ選手のサイン入りユニフォームやグッズの数々。今回のボス、取締役会長・**笹野正明**さんの「カープ愛」の深さとその人脈の広さがうかがえる。

（放送日／2019年4月21日）

boss・profile

笹野 正明（ささの・まさあき）
1947年　大竹市で生まれる
1970年　「大竹食品納入株式会社」（現 おおたけ株式会社）に入社
1996年　代表取締役社長に就任
2019年　「おおたけ株式会社」取締役会長に就任

毎日1000か所に野菜を配送

三四郎　カープ選手のサイン、すごい数ですねぇ。現役選手だけでなく、山本浩二さん、黒田博樹さん……。衣笠祥雄さんからの手紙もあるんですね。お宝の山！

ボス　これまでも選手を自宅に招待して、食事したりすることもありました。

三四郎　どうしてそんな関係に？

ボス　うちの会社は青果を中心に取り扱っていますから、マツダスタジアムさんやカープ大野寮さん、大州寮さんにも卸させてもらっているんです。選手たちには、特に安全・安心な野菜を食べてもらおうと気を付けています。そういった縁もあって、サインをもらったり、交流する機会もたくさんあるんです。

三四郎　へ～え。野球選手は、やはり

カープさんの寮にも
卸しているんです

ボス　体が資本。扱っているものも栄養価の高い野菜が多いんですか？

値段より栄養重視ですね。いろんなものを提案できるよう、安全・安心を第一に、仕入れ先を厳選しています。そんな鮮度や衛生管理を徹底した点が認められて、カープさんに限らず、さまざまなお客さまと取引を続けさせてもらっています。全国展開している飲食店、料亭やホテル、病院など、中国地方全体でおよそ1000か所に、ほぼ毎日の配送です。30台以上ある配送車は、すべて冷蔵車なんです。

三四郎　1000か所！　その野菜は、ほかとは違う特徴が？

ボス　飲食店の皆さまのこだわりや利便性のニーズに応じるため、全国約100か所の産地の農家さんと契約して、野菜を提供しています。北海道から九州まで全国を飛び回って産地を開拓し、たとえば、長崎においしいトマトがあると聞けば、自分でそこまで足を運んで、実際においしさを確かめます。

安定供給のため、全国に産地を確保

三四郎　取引する野菜を決める基準は何ですか？

ボス　「おいしい　しあわせ　ひろげたい」をスローガンにしていますから、おいしさはもちろん、安全・安心であること。ユニークでありながら、一定量を出荷できる安定した生産力。最後は、生産者の方が誠実かどうかですね。でも、市場との付き合いも大事ですから、産地からの仕入れは全体の約7割です。

取引では先に値決めするため、レタスが暴騰したときには1、2か月で4000万円の赤字を出したこともある。そのため、今は全国のいろいろな地域に産地を確保して、天候不順に備えている。

ボス　いいグレードの商品をいか

契約農家さんのハウス

に安く納められるか。「同じ品質ならより安く、同じ価格帯ならよりいい品質のものを」。それがモットーです。

笹野さんの祖父は、戦前より大竹市で青果物の卸売業を営み、戦時中は軍に野菜、果物、缶詰などの食材を納入していた。終戦で軍がなくなると、小売店、国立病院、工場給食などに納品し、1949年に「大竹食品納入株式会社」を創業。大竹市の八百屋さんを顧客とし、青果物を卸していたが、小さな地方都市である大竹市の人口は年々減り、そこへ大手スーパーが進出して、町からは八百屋さんが消えていった。

そんな時代の波に飲み込まれることなく、大竹の青果卸業から始まった会社を、業務用野菜卸で中四国トップシェアの地位にまで成長させたのが笹野さんである。時代の変化を敏感に察知し、中国地方最大の都市・広島市への進出、業務用への転換、さらに利便性を追求した新サービスを始めるなど、成長の裏には確かな戦略があった。

過酷だった新入社員時代

三四郎 会長がこの業界に入ったのはいつですか?

ボス　実は関西学院大学を卒業後、大手商社に就職が内定していたんです。ところが、「長男なのに帰らんとどうするんか」という祖父の一声で、帰ることに。1970年のことでした。私は学生結婚し、子どももいたので、生活のことは心配せんでもいいかなぐらいの気持ちもありましたね。

三四郎　入社してからは順調でしたか？

ボス　事業は順調でしたが、いろいろつらかったですよ。次期社長というプレッシャーもあるし、朝早くからの激務の上、ミスすれば先輩から怒鳴られるんです。

毎朝大竹から広島の市場まで、トラックで往復2時間以上かけて通う日々。セリが始まるのが朝5時だから、4時ごろには大竹を出発しなければ間に合わない。それを7年間続けた。

ボス　日曜日に、野菜の配達用トラックに子ども

column ◦ 1

私の成功の法則

社内・社外にかかわらず人とのつながりを大切にし、誠意をもって人と接することを自分に課してきました。また、仕事では、目先を追わず、「安心」「安全」「おいしさ」にこだわり、お客さまに信頼される企業をめざそうと心がけてきました。世の中がどのように変わろうとも、常に「不易流行（ふえきりゅうこう）」を大切にし、業務用卸に携わる「八百屋」の矜持（きょうじ）（誇り）を持ち続けること——それが私の成功の原点です。

「を乗せ、配達を兼ねてドライブをするんです。これが唯一の家族サービスでした。」

先輩からは「大学を出て、こんなことが分からんのか」と容赦のない声が飛ぶ。将来はリーダーとして、年上の人たちを使わなければならない立場。そのためにはまず商品知識を身に付けなければと、食材の勉強にも励んだ。

ボス「あまりにもつらいので、父親に「辞めさせてくれ」と訴えると、「辞めるんならいつ辞めてもいいが、責任があるから明日は市場に行ってこい。そして、また考えろ」と返される。そういうやり取りを何十回したか分かりません。」

自分が市場に行かなければ、1日の仕事を始められない。大竹市内の全部の八百屋さんへ卸し売りをしていたから、八百屋さんとその先のお客にも、関係する皆に迷惑をかけることになる。「責任感だけで、ギリギリ踏みとどまっていた」と、当時を振り返る。

料理学校に1年通う

入社して2、3年経ったころ、大竹に大手コーヒーメーカーの直営ショップがオープンした。ほどなくして喫茶店ブームが起こり、女性たちが喫茶店を始め、そこに業務用の野菜や果物を納める仕事が増えた。喫茶店のメニューに必要な食材の知識を得ようと、料理学校の基礎コースに1年通った。

ボス　いろんな野菜をどのように料理するかが分かれば、商売にもつながり、お客さまのためにもなって、きっと喜ばれるだろうと思ったんです。

お客のためとはいえ、花嫁修業の若い女性たちに混じっての黒一点。「料理男子」という言葉などない時代で、随分と居心地の悪い思いをしたが、野菜の扱い方などの提案ができるようになり、この経験は大いに役立った。

祖父の教え「人生一代、企業末代」

創業者の祖父は、町会議長、市会議長なども務めた人で、「人のため、従業員のために」「地域貢献」という意識の強い、厳格な人だった。身内だからと特別扱いはせず、むしろ「自分の目の黒いうちは役職に就いてはならん」と言われていた。その祖父は、笹野さんの入社2年後に亡くなったが、忘れら

れない教えがある。「人生一代、企業末代」。人生は一代だが、企業は末代まで続かせなければならない。それには、地域貢献、社会貢献を忘れてはならないというものだ。この教えはその後、笹野さんが経営判断を下す際の一つのものさしとなった。

大竹のJR玖波（くば）駅前で40年間続けたスーパーは、まさしくこの祖父の教えを実践したものだった。1977年にオープンしたこの店は、人口減少と高齢化の波を受け、客が激減していった。何年間も厳しい状況が続き、幹部会議で閉店を決めたところ、住民運動が起きて、存続を要望する嘆願書が約1000通も集まった。その時に思い出したのが、祖父の言葉。結局、毎年約1000万円の赤字を出したが、困っているお年寄りのために役に立てればと営業を続行し、2017年1月に閉店するまで、地域の人々の暮らしを支え続けた。

大竹から広島へ進出

1993年、広島に進出した。業態を変革しなければ難しいと危機感を持ちながら、何年も経っていた。

ボス　当時、大竹JC（青年会議所）に入っていまして、日本中いろんなところに行く機会があったのです。それでおいしいものに出合うと、その商品はどこにあるのか聞いて帰って、お客さまに提案するんです。

市場には出回っていないこだわりの食材を紹介すると、飲食業やホテルに歓迎された。そんな提案型の商売をメインにという思いが膨らんでいった。そして外食産業に狙いを定め、広島なら将来性もあると、当時取引先ゼロだった広島への進出を決意した。

三四郎 チャレンジャーだなぁ。何歳のときですか？

ボス 43歳です。私は中高と広島市内に通学していましたから、広島には友達が多い。週末に一緒に食事をしては、料理屋で「野菜で何か困ることはないか」と聞くと、「夏場は、届いたときにもう野菜が傷んでいる。いいものが揃わない」と言うんです。

それを聞いて、「よし、これなら広島でも戦える」と、確信した。単価の低い野菜の世界で、設備投資など不可能だと思われていた時代だ。しかし、祖父が「企業には社会的責任と従業員を幸せにする責任がある。目先を追ってはいけない。安全・安心をお届けしろ」と常々言っていたため、広島に進出する前から、全車両を冷蔵車にし、特殊な大型冷蔵設備も導入していた。

食品の安全・安心への投資は惜しまない。特に野菜は生で食べるものが多い。「他社と戦っていくには、採算や儲けを考えるより、信頼してもらえるおいしいものを提案することが一番。そうすれば必ず業界のリーダーになれる」。そう信じ、社員と3人で広島での営業活動をスタートした。流川の飲食街に通い、営業活動を続けたが、最初は門前払いばかり。大竹の自宅には帰らず、広島に泊まり込んで、販路開拓にひたすら励んだ。

時代のニーズに合った、カット野菜

もう一つ、広島に進出する際の秘策となったのが、「カット野菜」だ。あらかじめ切った野菜を飲食店やホテルなどに納入するもので、調理場での手間が省け、特に大手飲食チェーンなどの人手不足や食品ロスの問題の解決につながると歓迎された。今や同社事業の柱の一つに成長し、売上の約3割を占める。

ボス　カット野菜は、特に徹底した安全・安心の管理が必要です。水洗い、殺菌、すすぎ、冷却……、品質管理に徹底的にこだわった工場を造り、機械設備を導入し、野菜の菌の検査室で毎日検査もしています。野菜ロスはフードバンクなどへ寄贈することで余すことなく使います。頭が痛いのは、やはり設備投資ですね。

三四郎 今はどんなところに納入しているんですか。

ボス 主に、国内大手の飲食店やホテルなどです。中四国エリアのカット野菜を一手に引き受け、一日に約2000キロ処理しています。

三四郎 それだけ需要があったら、大儲けじゃん！

ボス 実は、カット野菜で儲けようとは思っていないんです。カット野菜を営業のツールとして提案し、気に入ってもらい、野菜を卸させていただくことにつながれば、当社のファンを増やせます。

品質管理にこだわったカット野菜

企業永続に向けて、投資を惜しまない

1998年、創立50周年を機に「おおたけ株式会社（OHTAKE CORPORATION）」に社名を改称した。

三四郎　どうして平仮名に?

ボス　「おおたけ」は残したかったんですが、漢字だとローカル色が出るでしょう。

社名変更と同時に広島本社屋を新築竣工した。土地を含めると約10億円の投資で、設備面には特に力を入れた。2018年には約3億円をかけ、新たに冷蔵設備が完成。野菜の入荷から保管、出荷まで、一連の作業がこの中でできる先進的な設備だ。

この本社屋を造った当時は、「大竹食品は今につぶれるよ。若いもんが無茶しよる」などと、さんざん陰口をたたかれた。

先進的な設備の広島本社

ボス　私は、いつか勝つぞと思っていました。絶対に差別化を図れる、と。同じものを仕入れて右から左に売るより、差別化を図ってお客さまに喜んでもらおうと努力し

て、今、中国地方では何とかシェアを取れたと思っています。

野菜は単価が低いからと、その場しのぎでやっていたのでは企業の継続はできない。社員の働く環境もそうだ。暑い作業部屋で野菜を切っていたのでは、不衛生極まりない。冷蔵設備だけでなく、社員のために快適なラウンジなど、働く環境を整えることも大事だ。

ボス　末代まで企業を続かせる努力をすれば、信頼が得られ、後継者もでき、社員も集まってきます。企業を末長く継続させるために、私は投資を惜しみません。元カープの達川光男さんとは長い付き合いですが、彼がいつも言う「意識の差は結果の差」ですね。

column ○ 2

私は失敗をこうして乗り越えた

失敗談ではないのですが、「三省（さんせい）」を座右の銘とし、真心を尽くしたか、誠実だったかと、一日に何度も自らの言動を顧みています。それと、一つ思うのは、「自分の能力は知れている。だからこそ人とのつながりが財産だ」ということです。これまでを振り返ってみると、節目、節目でいい人と出会い、それを縁に何かをしたり、始めたりしてきました。いい人と出会ってきた人生だと思います。社長を務めてくれる息子にも、特に人とのつながりの大切さを伝えたいですね。

70周年を機に、社長交代

2019年は、創業70周年の節目の年。5年前に食道がんを患ったとき、東京で働いていた長男・圭市さんが帰ってきてくれた。幸い元気になれたので、70周年を機に7月、長男へ社長をバトンタッチした。

ボス これからの夢は、取引業者の皆さまとの信頼関係をより強固なものにして、地域に必要とされる永遠に続く企業をめざすこと。そのためにも、従業員の健康と幸せの実現を図りたい。息子なら、これまでの経験を生かし、それができると信じています。

三四郎 僕らもつながりを大切にして、お笑いでトップをめざしましょう！

おおたけ 株式会社

所在地	大竹市西栄 2-3-3（大竹本社） 広島市西区草津港 1-10-38（広島本社）
事業内容	青果物·珍味類など業務用食品類の卸売、カット野菜·フルーツの製造加工、総合食品の卸小売など
創業	1949 年 8 月
資本金	4,000 万円
従業員数	170 人（正社員 60 人）

やめれん挑戦！

山根浩揮さん

尾道の温故知新を

「まちとともに」

有限会社 **いっとく**

代表取締役

山根 浩揮さん

（放送日／2019年6月23日）

海と坂と寺の町、尾道。どこか懐かしいノスタルジックな風情を残す町並みは、一度訪れるとまた来たくなる不思議な魅力をたたえている。そんな尾道に生まれ、尾道のことが大好きで、「まち」を盛り上げようと奮闘しているのが、**山根浩揮**さん。テレビや雑誌で紹介され、今女子に大人気の「尾道プリン」の店「おやつとやまねこ」（尾道市東御所）をはじめ、カフェ、居酒屋などの飲食店を、尾道市を中心に展開している「いっとくグループ」の代表である。

boss・profile

山根 浩揮（やまね・こうき）
1974年　尾道市で生まれる
1994年　自宅自室で古着販売を始める
1997年　「遊食楽酒いっとく」オープン
2002年　「有限会社いっとく」法人化
　　　　代表取締役

テーマは「レトロで懐かしい」

三四郎　あれっ!?　プリンを大ヒットさせたボスというから、てっきり女性かと思ったら、さわやかなお兄さんですね！

山根さんは、１９７４年生まれの45歳。「おやつとやまねこ」の姉妹店、「やまねこカフェ」（尾道市土堂）で、話題の尾道プリンの濃厚な味わいを堪能したところで、さっそく三四郎が訊いた。

三四郎　プリンのスイーツ店も昔懐かしい雰囲気だけど、このカフェも随分レトロな感じの店構え。これには何かこだわりがあるんですか？

ボス　いっとくグループすべてで、「レトロで懐かしい」を表現しています。僕はそもそも古いものが好きで、最初は古着屋からスタートしたんです。

尾道プリンを堪能！

25年前からずっと古い建物をリノベーションし、ノスタルジーを感じる店づくりを大事にして商売をやってきた。だから新しく始める事業にも、意識的にレトロな雰囲気を出すように心がけているのだという。

ボス　古いものを壊したり、捨ててしまうのは簡単だけど、一度手離せばもう戻せない。今あるものを生かしつつ、他所にないものをつくっていきたいという気持ちが強いですね。

原点は古着屋

三四郎　古着屋からなぜ飲食業へ？

ボス　僕は、もともと寿司屋の生まれで、調理師学校を卒業後、19歳で母親の経営する飲食業の会社に就職しました。でも、そこを半年でやめて、大阪に行ったのですが、3日で尾道に帰ってきてしまって……。

やることがなく、時間を持て余していたところ、「好きな古着を自分で売ったら」と友人が勧めてくれた。経営者になるなど考えたこともなかったが、面白そうと思い、とりあえず自宅の自分の部屋に、フリーマーケットなどで仕入れてきた古着を並べて売った。月商は8万円。2か月ほど続けるうちに自宅では手狭になり移転、その2年後、JR尾道駅裏に店舗を再移転。飲食業を経営する母親の強い勧めもあって、1階を飲食業（鉄板居酒屋）、2階を古着屋としてオープンした。1997年、山根さん22歳のときだ。

古着屋は順調に軌道に乗ったものの、「ついでのように始めた」飲食業はノウハウもなく、客も来なかったし面白くない。それでも持ち前の明るい人柄に少しずつ常連客も付き、ジワジワと繁盛店へと育っていった。そうなると飲食業が面白くなり、勢いで2店目、3店目と店が増えていった。

老舗の名店を無償で引き継ぐ

ボス　スタートが古着屋で、古いものが好き。その考え方で尾道の町を見ると、もっと生かせる家や空店舗がたくさんあるので、それを見ると町のために何か動きたくなるんです。尾道の新開（しんがい）エリアは、昔の歓楽街、飲み屋街だったところで、小さいころ、亡き父によく連れられて来たものです。

尾道市久保辺りは、昔「尾道遊郭」があった名残りで、今もこの界隈は新開と呼ばれ、古くて味わいのある町並みが残っている。この歓楽街の一軒、焼き鳥屋「鳥徳」は、小学生のころ父親に連れて来られて以来30年、成人してからも通い続けている大好きな店だった。

2014年、その店の店主が引退することになり、「山根君、この店をやってくれんか」と持ち掛けられた。

ボス　老舗の名店で、常連さんも多い店でしたから、それを若造の僕がやるなんておこがましくて、一度はお断りしました。

老舗の名店「鳥徳」の店内にて

しかし、再びその店主から電話があったときに、思わず「やります！」と言っていた。あの店を、あの味を、店のある風景そのものを残したい。やるんだったら、店名も、ロゴも、電話番号も、そして秘伝のタレも、一切変えるつもりはなかった。

ボス　なくしてしまうと、お店も、タレも、もう作れませんから。

時代の流れもあるので、もちろんすべて同じメニューとはいかないけれど、引き継いだタレだけは変わらないように気を付けている。無償で引き継いだ「鳥徳」には、当時からの常連客と新規客が混在して通って来てくれている。

column ◦ 1

私の成功の法則

「滞る水は濁る」といわれます。自分自身も、会社も、一つのところに留まらないことを大事にしたい。活動することをやめない。思考を停止することをしない。挑戦することをやめない。自分はまだまだであり、これでいいとか、できていると思わないところから始まる――こんなふうに意識して、常に自分を戒めています。

自分自身のことはもちろん大好きですが、決しておごったりすることなく、まだまだこれからも成長していくために、常に上を向いて挑戦していこうと思っています。

古き良きものに光を

三四郎 風景を残していく以外に、経営的にも店を継承していく良さがあるんですね？

ボス 老舗店を引き継げば、初期投資も抑えられるし、常連さんも引き継ぎ、新しくスタートできるのはいいことづくめだと思うんです。

古き良きものに光を当てる、山根さんのビジネス。それは、町の衰退に歯止めをかけ、町の再生にもつながった。現在、17の事業を展開している。「今あるものを生かす」をコンセプトに、どれも新築ではなく、古いもののリノベーション物件だ。店内には、人と人をつなぎ、スタッフを育てる場として、必ずカウンターを設けているのも特徴だ。

「くう・ねる・あそぶ」場づくり

三四郎 どうやって事業のヒントやアイデアを見つけているんですか？

ボス 全国の流行っているお店などをいろいろ見て回り、それを尾道にどう生かすこと

郵便はがき

料金受取人払郵便

広島中央局
承認

4047

差出有効期間
2021年12月
25日まで

期間後は切手をお貼り下さい

7328790

412

広島市東区山根町27-2

南々社

「Dear ボス」編集部 行

□□□-□□□□	ご住所		
			男 女
ふりがな お名前		Eメール アドレス	

電子メールなどで南々社の新刊情報等を　1. 希望する　2. 希望しない

お電話番号	(　　　)　　　ー	年齢	歳

ご職業	1. 会社員　2. 管理職・会社役員　3. 公務員・団体職員　4. 自営業　5. 主婦 6. シルバー世代　7. 自由業　8. 学生　9. その他（　　　　　）

今回お買い上げの書店名

市区
町村　　　　　書店

このたびは、南々社の本をお買い上げいただき、誠にありがとうございました。今後の出版企画の参考にいたしますので、下記のアンケートにお答えください。ご協力よろしくお願いします。

書　名	Dearボス

Ⅰ．この本を何でお知りになりましたか。

1．新聞記事（新聞名　　　　　　　）　2．新聞広告（新聞名　　　　　　　）
3．テレビ・ラジオ（番組名　　　　　　　）　4．書店の店頭で見つけて
5．インターネット（サイト名　　　　　　　）
6．人から聞いて　7．その他（　　　　　　　）

Ⅱ．この本を買おうと思ったのはどうしてですか。

Ⅲ．この本について感想をお聞かせください(この本の中で印象に残った企業など)。

Ⅳ．今後、お読みになりたい企画がありましたら教えてください。

ご提供いただいた情報は、個人情報を含まない統計的な資料を作成するために利用いたします。

ができるかを、よく考えたりします。大まかなことは自分で考えて、ある程度形になったらアイデアを社員に投げかけ、実現に向けて皆で力を合わせます。ただ、飲食店を見て回るのもいいけれど、古いモノや建築を探して見て回ると、いい事業のヒントがたくさんあります。飲食店だけを視察していると、どうしても視野が狭くなりがちですからね。

2018年、新開エリアに来てくれた人に、昼も夜も尾道を楽しんでもらい、もっと町を好きになってほしいと、同窓会や結婚式の二次会などに使えるレンタルスペースと、宿泊ができるゲストハウスをつくった。この「SIMA INN／SALON」（尾道市久保）は、かつて高級ラウンジだった場所をリノベーションし、再生したものだ。

ゲストハウス「SIMA INN」

ボス　新開は、昔は行き交う人の肩が触れ合うほど、にぎわっていました。だから、僕は居酒屋だけを残すのではなく、ここに「くう・ねる・あそぶ」ができる場をつくりたかったんです。昔、「SIMA」がラウンジだったときに通っていた年配の方から、「ようやってくれたのう」と言われ、懐かしんでいるのをみると、やってよかったなと心から思います。

尾道は、尾道水道を渡船も行き来している、海の町でもある。陸だけではなく、海でも地元の人や観光客にもっと楽しんでもらいたい。そんな思いから、広島で後継者がいなかった屋形船を買い取り、尾道に持ってきて活用している。屋形船「いっとく丸」は尾道のレトロな雰囲気によくマッチし、評判も上々だ。

三四郎　自分にノウハウがないものでもやってみようとする。その決断力はどこからきているんですか？

ボス　迷ったら、そして、自分にその力があるんだったら、やってみることを恐れずにやってみた方がいいかもしれない。「よし、やってみようか！」みたいな抜けた感じで。だって、やってみないと何も始まらないじゃないですか。

人に喜ばれることを自分の喜びに

三四郎 行動力がすごいな。ボスが一番大事にしていることって、何ですか？

ボス やはり、社員の幸せをカタチにしたいということが、僕の中の大もとにあります。それが経営者としての一番の務めだと思っています。
人が、社員が、何のために働くかといえば、人間として成長するためです。仕事を通じて自分の成長を実感できれば、嬉しいと思いませんか？

山根さんは、社員・家族への約束の中で、「一人ひとりの人間性を高めるために、物心両面の幸せを追求し、仲間の夢を実現します」と表明している。社員がこの会社で働けて、この仲間たちと出会えて、心から良かったと思える会社にしていきたいと思い、今必死で頑張っている。一人ひとり価値観が違い、「給料がたくさんほしい」「休みがほしい」など、いろんな欲求があるけれど、幸せの物差しはそれだけではない。

物心両面が成り立ってこそ、人は幸せになれる。人を喜ばせることができる人間になることで、人間は成長できる。喜ばれて喜ぶことのできる人間であってほしい。そんな社員が集まり、人間として成長できる場にすることが、会社としての責任だと思っている。

ボス　単に儲かればいいとか、還元できたらいいとかではなく、会社という場が社員の人生の中ですごく大切な場所になっていくこと。それが、企業を永続的に発展させるためには大事です。いい会社にしたいという人たちの集まりが、いい会社をつくります。

三四郎　いい会社にするために、なにか取り組みを？

ボス　うちの会社には「いっとく5つのあたりまえ」というものがあって、仕事に限らず、相手の目を見て挨拶をしようとか、誰も見ていなくても靴をそろえようとか、ゴミを拾おうとか……。それで自己評価するんです。面倒な会社でしょう（笑）。

三四郎　うわ、結構キビシイかも。でも、やり続けていると「あたりまえ」になるんでしょうね。

ボス　僕自身は、身近な仲間がこの町で、この会社で、ずっと働いていけることが大事で、それを本気でつくらなければと思って、社員の働く環境、生活する環境をもっといいものにしていこうと取り組んでいるところです。

尾道で暮らし、尾道で死ぬ

三四郎 ボスはこれからも尾道が拠点ですか？ 外をめざしたいとか思わないですか？

ボス 僕は尾道で暮らして尾道で死ぬと自分で決めているんです。「尾道とともに」が、自分の中の一生のテーマです。尾道でずっと持続可能なことや人間関係をつくっていけるかどうか。これは僕にとって大きな宿題です。まぁ、やってみたいこと山積みですけどね。

地元・尾道とともに生きていく

この町で多くの店舗を展開しているが、それが目的ではない。店舗展開も売上計画も、重要視はしていないという。つくることが目的ではなく、店を通じて人が育っていけるかどうか、本当にこの町にずっと愛される店になれるかどうかが重要だと考えている。

ボス　海外に行ってみると、あらためて尾道は素晴らしい町だと思えるんです。海も山もすぐ近くにあり、古い町並みが残っていて、狭い中に魅力がギュッと詰まっている。住んでいる人が尾道のことを大好きで、人情があり、かつて北前船の寄港地だったことから、商人と町の人たちとの密接なつながりがあって「受け入れる文化」がある。尾道のポテンシャルはすごい。海外のどこにも負けていないぞと思います。

いろんなことがつながって、今がある。それがあるから、自分たちもここで立たせてもらい、生かされていると感じている。

町に活気を取り戻したい

「いっとくビジョン」として「飲食を通じ持続可能なひと・まちづくり企業として」を掲げ、10年計画で実現しようと取り組んでいる。飲食を通じた町づくりに努め、心豊かに、この会社で働く人がここで働き続けて良かったと思ってもらえるような企業にしたい。さらに、飲食の事業を通じて、新開に昔あった活気を取り戻したい。現在も進行形であるが、10年かけてのチャレンジとして、こうした飲食を通じた「まちづくり」をどんどん形にしていき、活動を通じて「人づくり」も同時にしていきたいと思っている。

そんな活動の一つに「しんがいゴー！ゴー！まつり」がある。山根さんが実行委員長を務め、年1回程度不定期で開催されているイベントで、2019年10月が4回目の開催。開催期間中は、新開エリアのどこかで何かのイベントや企画が行われる。

今年（2019年）、「花魁（おいらん）道中」を新開で初めて行えたことは、面白い未来に繋がると感じている。また「スナック探検隊」は、コンシェルジュがいて、安心し

column ◦ 2

私は失敗をこうして乗り越えた

過去には店を4軒潰しました。また、社員になりたいと言っていた人に急にやめられたこともあります。でも、樹木の年輪は、間隔が細いときでも幹を一重します。大事なのは、年輪のように1年1年幹が太くなっていくこと。自分の中で、仕事を通じて成長することは楽しみの一つです。

失敗したときにへこんでも、ほんの少しの時間だけ。いつまでも失敗を嘆いたり、怒ったりはしません。物事は考え方次第で見方が変わります。例えばコップに水が半分あるのを、まだ半分もあると思うか、もう半分しかないと思うか。くよくよするのではなく、その失敗を検証してプラスに転じ、未来をどうやって生きたいかビジョンを描くようにしています。

て安価で複数のスナックを巡って楽しむ企画だ。こうした飲食を通したイベントが起爆剤となって、町の活性化につながればと期待している。

ボス 僕がずっと思ってきた目標は、50歳になるまでに尾道に温泉旅館をつくること。10年以上口に出して言ってきたからには、コレを実現できるかどうかは「我が人生を通した社会実験」でもある。どれだけ楽しめるかってことが、自分らしい人生を生き抜くコツのような気がするんです。

三四郎 尾道に新たな魅力が生まれて、大勢の人が来るようになったら、ますます忙しくなりますね。

有限会社 いっとく

所在地	尾道市土堂 1-11-16
事業内容	尾道、福山を中心に居酒屋、バル、カフェ、スイーツ専門店、ゲストハウス、レンタルスペース、屋形船などを運営
創業	1997 年
資本金	300 万円
グループ従業員	120 人

醤油醸造から始まった！

寺岡晋作さん

総合ライセンスカンパニーのボスは
常にトップをめざす

寺岡企業グループ（株式会社ロイヤルコーポレーション・寺岡有機醸造株式会社・寺岡有機農場有限会社）

寺岡企業グループ代表

寺岡 晋作さん

（放送日／２０１９年６月30日・７月７日）

「ロイヤルドライビングスクール」は、広島と福山に自動車教習所2校を運営し、その年間卒業者数はおよそ７０００人。広島県内の自動車教習所30校中ナンバーワンの実績を誇る。しかも、自動車以外にクレーン、小型船舶などの免許も取得できる、全国的にも珍しい3事業の複合体による「総合ライセンスカンパニー」だ。
そのトップが、代表取締役の**寺岡晋作**さん。免許事業だけでなく、醤油醸造業、有機農場と多角的な事業を展開し、そのどれもが成功を収めている敏腕ボスである。

boss・profile

寺岡 晋作（てらおか・しんさく）
1956 年　福山市で生まれる
1979 年　「寺岡企業グループ」に入社
1992 年　「寺岡企業グループ」代表に就任

快適な空間で、楽しく教習を

若者を中心に自動車離れが進む中、多くの若者を惹き付けるロイヤルドライビングスクールにはどんな仕掛けがあるのだろう。興味津々で広島校（安芸区船越南）を訪れた三四郎がさっそく建物に潜入。

三四郎 きれい！ 自動車学校というより、まるでホテルのロビーみたい。

ボス 2018年11月にリニューアルしました。サービス業ですから、おカタい雰囲気ではなく、高級感を出そうと細部にこだわっているんです。

笑顔で迎えてくれたのが、ボスの寺岡さん。自動車教習所のイメージから脱却し、生け花を展示して訪れた人を出迎えるなど、一流ホテルのラウンジを思わせる都会的な空間をつくった。人々が行き交う交差点をイメージした明るいフロアで、教習生に快適に過ごしてもらいたいからだ。カフェのような、くつろげる空間づくりをしているだけでなく、教習生と年齢の近い若い人や女性のインストラクターを多く採用し、運転を楽しんでもらう教習を意識しているのも好評だ。2018年11月にリニューアルした校舎は、フランスのデザイン賞「Novum Design Award 2019」で銀賞を受賞した。

また、自動車学校では全国初のVRドライブシミュレーターを2台導入。危険な状況を疑似体験してもらうことで安全運転を意識し、交通事故の軽減につながるようにとの願いから取り入れた。施設外での交通安全講習やイベントなどにも専用トラックで運び、活用している。子どもたちに車や運転の楽しさを知ってもらえるように、サーキット体験も行っている。

ボス VRドライブシミュレーターは2台で3000万円。高くても、よそがやっていな

三四郎 い最新のことは、一番にやりたいんです。全国に先駆けた新しい取り組みを追求して、教習生の増加につなげているわけだ！

総合ライセンスカンパニー

ロイヤルコーポレーションは、自動車や2輪の教習以外にクレーン学校やマリンライセンスも手掛け、最近ではドローンスクールも開講している。全国的にも例のない複合形態の「総合ライセンスカンパニー」という考えから、それぞれ違ったマーケットでビジネスを展開している。異なる業態でマーケットの裾野を広げ、ロイヤルコーポレーションの名前を多くの人に知ってもらうことも戦略の一つである。

ボス 自動車学校は学生さんが中心。広島クレーン学校は産業界で活躍できる作業技術者を養成しますが、瀬戸内地域は製造業が盛んなためクレーン免許のニーズが高く、盛況です。

三四郎 マリンライセンスの教習もあるんですね。

ボス マリンライセンスに関しては、日本は海洋国家のわりに、諸外国と比べてマリンスポーツが盛んとはいえない状況ですから、マリンスポーツ発展の一助になればと10

年ほど前に事業参入しました。

マリン教習では日本各地のマリーナと提携し、全国展開している。船舶関係ではクレーンを使う場面も多いため、両方の相乗効果が狙えるという。現在、関東・東海・関西・中四国で展開し、新規免許取得者数では業界ナンバーワン（２０１８年）。九州への進出も視野に入れており、まだまだ成長の余地のある業界である。

創業時から異業種経営

ロイヤルコーポレーションの原点は、実は醤油醸造業である。ライセンス事業、醤油醸造、さらに有機農場の経営と、多角的な事業

マリン教習に挑戦！

展開をしている。

三四郎　ボスが経営の多角化を進めてきたんですか？

ボス　寺岡企業グループが福山市で醤油醸造を創業したのは明治20（1887）年で、当時から製塩業も手がけ、醤油と塩の2本柱で経営をしていました。父の代の1960年ごろ、国の方針で塩田が廃業に追い込まれると、当時市民生活に入り込んできていた自動車に目を付け、その跡地で自動車教習所を始めたんです。

周囲の反対を押し切って始めた教習所だったが、その後、醤油と並ぶ2本柱になった。異業種の経営は、好況時には成長性は低くなるが、不況時には強い体質がある。寺岡さんが入社した40年前は、もう少しで創業100年というとき。企業の存続について、否応なく意識したという。

ボス　多角化を進めると力は分散します。私が取り組んだのは、他社が手掛けていない商品や未開拓市場の発掘を常に考え、スペシャルワンを見つけること。そして、そのエリア、その分野でトップクラスをめざすことを次の目標にしました。

現在、自動車学校は広島県でナンバーワン、クレーン学校は教習系で日本一、マリンライセンスも日本一だ。醤油も有機農場も、県内ではトップクラス。

三四郎　すごい！　全部トップクラス！

ボス　競争していくマーケットの中で、トップであることが大事なのです。ナンバーツーでは、多角化をする本来の目的は果たせません。ナンバーワンになることが私の当初の目的でした。まだ100％とは言えませんが、その形がかなりできてきたと思っています。

有機農場は、1975年に松永の塩田跡地で醤油作りの原料となる大豆、小麦を作ったのが始まり

column 1

私の成功の法則

多角化がうまくいっているのは、それぞれの分野で任せられる人を育成できたことも大きいです。自動車学校も、クレーン学校も、今、私はほとんど日常的なことにはタッチしていません。方向性や課題など、重要なポイントを会議で示すだけ。この人に任せると決めたら細かいことには一切口出しせず、現場の責任者に任せています。

現代はすごいスピードで新しいものが出てきています。よく経験値で判断すると言いますが、大きく変化するときは、経験値が通用しにくく、若い人の感性から良いアイデアが生まれることが多いと思います。ＶＲマシンもドローン教習も、社員から上がってきた意見で導入しました。

で、1990年に世羅郡世羅町に22ヘクタールの農場を開設した。しかし、農薬や化学肥料を使わない有機農法は簡単ではなく、ハトや虫に食べられるなど失敗続きで、一時期は観光農園に転換したことも。

しかし、「有機だけで野菜を作ろう。そのうち土に力がついて、雑草に勝ち、良い作物ができる」との信念で取り組み、今では有機JAS認定を受けた、県内トップクラスの農場に成長。有機ベビーリーフや有機ごぼう、有機にんじんなどを栽培し、高収益体質になっている。

また、2020年1月には、食の安全や環境保全に取り組む農場に与えられる「JGAP」認証を取得する予定だ。

県内トップクラスの有機農場

ベビーリーフを使ったお料理をいただきました

卵かけご飯専用醤油がヒット

寺岡有機醸造（福山市神村町）は寺岡企業グループの原点である。1887年の創業から130年以上にわたり、同じ醤油蔵で当時の杉樽を使って醤油を作っている。今、杉樽を使って醤油を製造しているところは非常に珍しくなっているが、ここでは有機栽培の大豆を使い、今も手作業で醤油作りをしている。

ボス　うちの醤油の味を決めるのは、長年使ってきた杉樽と、この蔵に棲み続けている酵母菌です。これは何物にも代えがたい財産です。

三四郎　長い伝統の味なんですね。

この醤油蔵が寺岡さんの自慢。だが、今日に至る130余年の道のりは、決して順風満帆だったわけではない。

40年前に入社した当時は、大量生産・大量消費の時代。有機醤油にこだわって手間暇かけて作った醤油は、当然大量生産できず、値段が高くなり、一般向けにはほとんど売れなかった。それを逆手に取り、希少価値を強みに贈答品として力を入れると、その品質の高さが口コミで広がり、販売は右肩上がりに伸びた。

しかし、時代とともに中元・歳暮の習慣は廃れ、かつて醤油の売上の7割を占めていた贈答品は、今では5～6%にまで落ちている。売上が落ち込み、新しい商品開発やマーケットの開拓を迫られたとき、

寺岡家の
たまごにかける
お醤油

創業当時からの杉樽を使った
醤油作りを体験

寺岡さんが思いついたのが、「卵かけご飯専用の醤油」だった。

13、14年前、食文化の豊かさを求めて調味料の細分化が始まり、さまざまな専用調味料が生まれ、店頭に並んだ。同社にも得意先からチーズにかける醤油作りの注文があり、出来上がると、意外にも結構な本数が売れた。

ボス　子どものころから卵かけご飯を食べていましたけど、普通の醤油をかけたのでは辛くておいしいと思えなかったんですね。それで、今のタイミングだとひらめいたんです。社員からは猛反対され、私だけが本気でしたが、自分の中にずっと温めていた「卵かけご飯専用醤油」の本格的な開発に踏み切りました。

甘めで複雑な味の醤油がいい。海苔やふりかけがなくても卵かけご飯がおいしく食べられる味にしようと意気込み、かつお節や昆布だしを加えるなど、何度も試行錯誤を繰り返した。たとえうまくても、

ありきたりのものでは納得できない。ようやくたどり着いたのが、広島特産の牡蠣のうま味だった。醤油の中でもターゲットを絞ったのが当たり、「寺岡家のたまごにかけるお醤油」は今や年間130万本が売れるヒット商品に成長。スーパーやデパートの店頭シェアはおよそ80％、小売店頭販売のシェアもおよそ50％と、一人勝ち状態。海外へも販路を広げ、韓国、台湾などアジア周辺でも支持されている。

三四郎 えっ？ 卵かけご飯って、海外でも食べられているの？
ボス いえ、日本のように生卵を食べる習慣がありませんから、商品のボトルのイラストにもあるように、目玉焼きをご飯に載せて、専用醤油をかけてかき混ぜるんです。これがウケまして。食べてみると、おいしいんですよ。

卵チャーハンも、具を入れなくても、簡易に醤油だけでおいしく作れると好評だ。

ボス 私の場合、現場に行くと、アイデアが出るんです。だからクレーンならクレーン、醤油なら醤油と、現場では一つに集中します。醤油がピンチのときは醤油を何とかしようと必死で頑張り、その後、マリンライセンスを中心に10年ぐらい取り組んで、今はまた輸出が急増している醤油の現場で陣頭指揮を執っています。

三四郎　へぇ、次々とアイデアが⁉

ボス　いいアイデアが浮かぶと、必ずノートに書き留めておき、後で再考します。頭だけで考えると忘れてしまいますからね。

本物の追求、そのために常に挑戦

三四郎　ボスが信念にしている言葉はありますか？

ボス　「本物の追求」です。本物を創造していく、創造チャレンジャー。これが経営理念です。本物は難しく、得てしてニセモノになりがちですが、もしニセモノだったら反省して本物にしていく。常に本物に挑戦していくことが大切です。

曾祖父に当たる創業者の寺岡伍一さんは、当初酒屋をす

常に本物を追求しています

るつもりだったが、近所の今伊勢内宮外宮の宮司に醤油の方が向いていると言われ、醤油醸造へと方向転換。酒は単価も高く、当時不足していたため、作ればどんどん売れると分かっていたが、儲けよりも世の中のためになる道を選んだ。また、農地を買うつもりだったが、松永町に塩田を買い、製塩業を始めた。伍一さんの死後、金融封鎖や農地改革などが実施された戦後の経済混乱期に、多くの事業家が大変な思いをした。しかし、醤油醸造業は市民生活に欠かせないものだったため保護政策がとられ、何事もなく乗り切れたのも、創業者の判断のおかげだと思っている。

ボス　曾祖父は、自分がやりたいとか儲かりたいとかではなく、本物を追求するという気持ちがあったのだと思います。何が本物か、ニセモノかは分かりにくいですが、やっぱりピンとくるものがあります。そういうものを追求していきたい。だから、コンプライアンスは徹底して守れ。そして、本物を徹底追求しながら利益を上げるようにと、いつも私は言っています。

コングロマリット経営

全くの異業種を率いる寺岡さんが多角化を推進するのには、深い考えがある。同業種の拡大は業界や取引先への依存度を高める結果となり、その景気の波を全面的に受けるリスクがある。あえて異業種に参入し、不安定要素のリスクを分散させることで、企業を130年間発展させてきた。

ボス

お客さまが違いますから、不況になっても、どのマーケットも同時に悪くなることは滅多にありません。長期的な安定度を考えるなら、異業種の企業を運営し、経営の安定化をめざすコングロマリット経営は正しいやり方だと思います。

column ○ 2

私は失敗をこうして乗り越えた

30年前にフランチャイズの漢方薬湯を手掛け、8年で撤退しました。私たちの行っているライセンス事業も醤油醸造業も、規制が厳しく、カタい仕事です。ところが、この新規事業はゆるい分、組織内の統制もとりにくく、競合との競争にも苦労しました。また、フランチャイズだったため、異なる企業文化、考え方が入ってきて戸惑いもありました。それまで当たり前と思ってやってきたことの大切さ、自社の良さを再確認したのです。

創業以来、当社は儲けよりも「本物を追求」してきました。今もその途上にあります。ロイヤルコーポレーションのすべての部門は、指定制度、登録制度で「厳格さ」が問われる一方で、その分競合がむやみに現れることがありません。一般の民間企業に比べ、比較的安定的な業種ともいえます。今後も「本物の追求」を不変的な理念として、大きく変化する環境には柔軟に対応し、発展し続けるよう全力で頑張ってまいります。

醤油から始まった事業の形態も随分変わってきているが、醸造業では天然素材と有機へのこだわりを活かした商品づくりでおいしさを追求し、世界をめざしたい。その足掛かりを付けるのが自分の仕事。一方、ロイヤルコーポレーションは、全国展開にさらに力を入れたい。その基盤をつくるのも自分の仕事だと考えている。

ボス　一方の事業で使ったアイデアを、別の事業で全く斬新な発想で活かせることもあって、アイデアの幅も広がるんですよ。

三四郎　なるほど。僕らもコングロマリットで、お笑いだけでなく違ったことにも挑戦していきたいな。

寺岡企業グループ

所在地	広島市安芸区船越南 4-8-30 （株式会社ロイヤルコーポレーション 本社）
	福山市神村町 3685-1（寺岡有機醸造株式会社 本社）
	世羅郡世羅町大字賀茂 10144-136 （寺岡有機農場有限会社 世羅農場）
事業内容	①自動車学校・クレーン学校・マリンライセンス事業の運営など総合ライセンス事業の展開、②醤油醸造業、③有機農業
創業	1887 年
グループ資本金	4,730 万円
グループ従業員	378 人

広島県民280万人の代表

湯﨑英彦さん

激動の時代の広島を
引っ張るボス！

特別編

広島県知事
湯﨑 英彦さん

（放送日／2019年4月28日）

広島県民280万人の代表であり、県職員2万5000人のトップでもある**湯﨑英彦**知事は、現在3期目。人口減少、高齢化、過疎化に直面する中で、広島県の持つ魅力と底力を引き出しながら、人づくり、暮らし、経済、観光など、あらゆる分野で、新たな活力を生み出すために挑戦を続けている。ニュースでは見られないその素顔に迫り、選挙を勝ち抜いてきたボスに、人の心をつかむ秘訣を聞いた。

boss・profile

湯﨑 英彦（ゆざき・ひでひこ）
1965年　広島で生まれる
1990年　東京大学法学部卒業
1995年　スタンフォード大学経営学修士（MBA）取得
2009年　広島県知事に就任

いざ、広島県庁へ

三四郎　ついに登場！　広島県のボス。番組史上、一番の大物⁉　でも、そもそも知事って何する人？　さっそく会いに行ってみよう！

大ボスに会えると浮かれまくる三四郎が訪れたのは、広島県庁本館。広報課の皆さんが「歓迎！　三四郎様」と書いた紙を持って、「ようこそ！　お待ちしていました！」と熱烈なお出迎えをしてくれる中を、いよいよボスの待つ知事室へと向かう。

三四郎　あ、かっこいいボスですねぇ！　よろしくお願いします。「Ｄｅａｒボス」という番組なんですが。
ボス　「Ｄｅａｒボス」、知っていますよ。
三四郎　見てくれてるんですか！
ボス　いやぁ、事前に資料をいただいたので。
三四郎　見てないんかい！　僕らのような「お笑いコンビ」がここに入ることって、ありますか？
ボス　たまにありますね。アンガールズさんがよく来られます。
三四郎　この番組で僕らの行くところ行くところ、アンガールズさんに先を越されちゃってるんですよね。

三四郎は、初めての知事室に「いいお部屋！」「普段はここで仕事？」などと興味津々で見回しなが

ら、会議用テーブルにイスがないことに気づく。

三四郎　え？　もしかして立ちながら、会議やるの？

ボス　イスはないです。立ったままだと、1時間もできないでしょ。効率化を図るため、会議は立ったままです。大体、1サイクル15分とか。なるべく早く終わります。

立って会議をするという話に、経営者であり、広報マン、外交官、営業マン……と、日々超多忙なスケジュールをこなす知事の生活を垣間見た三四郎。ここで、湯﨑知事の経歴をちょっと見てみよう。

24歳　東京大学法学部卒、通商産業省入省
29歳　スタンフォード大学留学、経営学修士
32歳　米国ベンチャーキャピタル出向
34歳　通信事業会社設立
44歳　広島県知事選挙に出馬、3期連続当選

知事のイス
座り心地は？

三四郎 この経歴、レベルが高過ぎ！ なぜ知事になろうと思ったんですか？
ボス 会社を立ち上げて、それをやめることになったんですね。これからどうしようかなと考えたときに、故郷のことが気になったのです。

公務員の経験も、民間企業経営の経験もあった。両方の経験があることは、知事として仕事をしていく上で役立つのではないか。第一、故郷広島県の知事なら、これ以上やりがいのある仕事はない。そう思って、県知事選挙への出馬を決意した。

こうして44歳で広島県知事になった湯﨑知事。その仕事は多岐にわたり、時には「外交官」として海外の要人を迎え入れ、２０１６年のアメリカ・オバマ前大統領の広島訪問ではホスト役も務め、一気に広島への注目度が高まった。また、ある時は「営業マン」として広島県の魅力を国内外へ広く発信している。そんな知事の仕事の中で重要なものの一つが「広報マン」としての役割である。

創造的復興への思い

三四郎 知事室以外だと、どこでお仕事しているんですか？
ボス 会見室で毎週、定例会見もやっています。

三四郎　記者会見って、緊張されませんか？

ボス　基本的に週1回やっていますから。10年続けていると、今はそれほどでも。でも最初は緊張しましたね。あんまりしゃべるのが得意じゃない方なので。

その部屋をぜひ見たいという三四郎のリクエストに応え、さっそく移動する。会見室とは、定例会見などでメッセージを発信する場所。２０１８年7月の西日本豪雨災害では、直後に台風も来たため、緊急避難の呼びかけや県民への特別なメッセージを、知事が発信したのもここからだ。

広島県が困難に直面した際にリーダーシップを発揮し、引っ張っていくのも知事の仕事である。西日本豪雨災害は過去最大級の災害であり、今も災害復旧・復興本部を組織し、知事はその本部長を務めている。県民の日常を早期に取り戻し、より力強い軌道へと押し上げることを基本方針にし、「創造的復興による新たな広島県づくり」をめざしている。

ボス　単なる現状復旧にとどまらず、それよりもより力強いところへ持っていかなければ。1日も早く復旧・復興して、より元気な広島県を実現していきたいと、全力で取り組んでいるところです。

ボスに直撃！ 一問一答

ここで、せっかく会見室にお邪魔したのだからと、記者に扮した三四郎が知事に直撃！ プライベートな質問をぶつけてみた。

①趣味は？
アウトドア系のスポーツですね。

②好きな食べ物は？
魚の煮付け、豆・ナッツ類、バーベキューも好きです。

③一番幸せな時間は？
子どもの寝顔を見ているときですかねぇ。余計なことを考えなくていいし、可愛いし。

④逆に一番気が重い時間は？

column

ボスの人心掌握術

政治の世界には選挙がありますから、そこで勝ち残るには「数が勝負」の部分があります。人の心をつかむことが勝敗を決めるといえます。では、人の心のつかみ方があるかといえば、政治の世界にもいろんな局面があるし、いろんな方もいるので、マジックみたいなものはないです。

ただ、まっすぐ当たっていくというか、真剣に、まっとうに対応していくということは、すごく必要なことではないかと思います。小細工をしても、結局は見透かされたり、変な方向に行ってしまったりという結果になります。「まっすぐ」ということは、何事においても、一番大事にしなきゃいけないのかなと思います。

いろいろありますけど、利害が対立している案件に決断を下すときなどは、気が重いですね。

⑤ぶっちゃけ選挙は大変？

もちろん大変です。自分もだけど、すごくたくさんの人に関わっていただくのでありがたいというか、大変だなと思いますね。知事選挙は、面積も広く、期間も17日間と、ほかの選挙よりも長いんですよ。ずっと手を振っているので、手がすごく筋肉痛になります。だから、風の力を利用して手を振ったり（笑）。

⑥知事になって、こんなはずじゃなかった、と思うことは？

案件がすごくたくさんあるので、1件当たりに取り組む時間がすごく短いのが悩みですね。

⑦知事じゃなかったら、今何をやっていると思いますか？

何かビジネスをやっていると思いますね。通信の会社を経営していたので、ＩＴの一環というか、多分その流れで来ているんじゃないかな。

子育て支援に力を入れる

一問一答の中で三四郎が一番気になったのが、「子どもの寝顔を見ているときが幸せ」という答え。というのも、湯﨑知事の名前が全国に広く知られたきっかけは、２０１０年に話題になった、全国の知事で初の育休を取得したことだったからだ。

三四郎 さすが、イクメン知事。家族との時間も大切にしているんですね。

ボス 僕のことをご存じない方はたくさんいらっしゃるけど、その話になると、「あ、イクメン知事さんですね」と覚えていらっしゃる方が多いですね。

そんな知事は、もちろん子育て支援に力を入れている。そこで、普通、県庁にはない、全国でも珍しい施設が広島県庁にはあるということで、知事自ら案内してもらうことになった。

三四郎 （歩きながら）ボスもこの辺りを歩いたりするんですか？

ボス 歩きますよ。地下に入って、コンビニに行ったり。

三四郎 コンビニ！　何を買うんですか？

ボス ちょっとした食べ物とか飲み物とか、こまごましたもの。

三四郎 おやつとかは？

ボス おやつはあまり食べないんです。気がつかなかったかもしれませんけど、僕の部屋には大豆を素焼きにしたものを置いてあって、大豆を食べてますね。

三四郎　大豆！　しぶいなぁ。

おしゃべりしているうちに到着したのは、県庁の東館。ここには、国内2番目となる県庁内の保育施設「イクちゃんち」がある。2016年に民間（広島銀行）と共同で開設した認可型の事業所内保育施設。県職員だけでなく、近隣で働く人たちにも利用されている。

三四郎　イクちゃんて、何？

ボス　広島県の子育て支援キャラクターです。

三四郎　じゃあ、イクちゃんの家ってこと？　お邪魔します。あぁ、明るくて、木の温かみがいいですね。

ボス　この施設は全部、県内産の木材を使って造っています。それに、ここは全国で一番安全なんですよ。建物内に広島県警本部がありますから（笑）。

湯﨑知事は、「イクちゃんち」のPRのため、育休取得経験者の三重県知事とイクメン対決をし、保育士の体験もしている。広島県は、このほか、県単位では例がない認可外の差額への補助（「いつでも安心保育支援金」）、「ハタラクほいくひろしま」（私立保育施設の情報サイト）、「朝ごはん推進モデル事業」など、さまざまな支援を行っている。

県がこのように子育て支援に力を入れるのは、知事の子どもと子育てへの熱い思いがあったから。実は元々それほど子ども好きではなかったという知事だが、わが子を持ってみて、その可愛さのとりこになって以来、大の子ども好きになったという。

少子化の時代。すべての子どもたちが幸せに育ってほしい。女性にも活躍してもらいたい。そのためには子育て施策を充実して、皆が安心して子育てができる社会をつくりたい。それが少子化の打開にもつながる。そんな思いで力を入れて取り組んでいるのだ。

イノベーション立県をめざす

三四郎 ボスが経営者だった経験は県政に直接役立っていますか？

ボス 自分がベンチャー企業を経営していたので、ベンチャー応援、イノ

子育て支援に力を入れるイクメン知事

ベーション推進には力を入れています。そういうところには自分の経験が役立っていますね。紙屋町に起業家の皆さんが集まる拠点をつくっているんですが、すぐ近くなので行きますか。

ということで、この後、世界に羽ばたく起業家を生み出す拠点に潜入する三四郎。

三四郎　わぁ、オシャレなカフェみたい。

ボス　こちらが「イノベーション・ハブ・ひろしま Camps（キャンプス）」。皆でキャンプのように集まって、いろいろイノベーションを起こしていこうよ、というものです。

「イノベーション・ハブ・ひろしま Camps（キャンプス）」は、知事が肝いりでつくった、県内初のイノ

イノベーション・ハブ・ひろしま Camps

ベーション創出拠点。新たに起業や地域おこしをしたい人たちを支援する交流拠点で、革新や変化を意味する「イノベーション」の「ハブ（＝中心）に」の思いが込められている。地域のイノベーション力を強化し、新たな産業育成に積極的に取り組むことを目的としている。

三四郎　何でこの施設を造ろうと思ったのですか？

ボス　広島県を、イノベーションがどんどん起こってくる、イノベーション立県にしたいという思いがあります。起業やイノベーションを起こしていく環境づくりのためには、多様な人が集まって相互に刺激し合うこと、起業家を孤独にさせないことも大事なんです。

２０１７年に開設し、起業家と投資家の橋渡しの場として、民間が運営し、県がイベント企画などを行っている。ここでは利用者同士が交流する以外に、セミナーやワークショップを開催し、イノベーションのためのサポートをしている。

「いろんな人とつながれるのが楽しい」「ここにきて会議をするとアイデアが生まれる」などと、利用者からも高評価。初年度は延べ１万５３７人が利用し、異業種や産学官が連携して新たな商品が生まれた例もあるという。

三四郎　漫才のネタが煮詰まったら、ここに来てネタづくりをしようかな。
ボス　それがビジネスになったりして。
三四郎　どんどん夢が広がりますね。すごいなぁ。

通過型観光地から滞在型観光地へ

三四郎　広島にはいっぱい観光資源がありますね。その活用もボスの仕事？
ボス　もちろんです。今は国内だけでなく、海外からの観光客もどんどん増えています。そんな中で、広島だけではなく、瀬戸内全体にいろんな魅力があるので、瀬戸内全体の観光をＰＲし、このエリアに来ていただく。その中で広島へも来ていただくという作戦をやっています。

というのも広島は、観光客が世界遺産の原爆ドームと宮島だけを観光して、次の目的地に向かうという通過型観光地になりがち。これだと経済が潤わない。そこで知事がめざしているのが、滞在型観光地。通過するのではなく泊まってもらうことが大事なのだ。春はサイクリング、夏は海、冬はスキーなど、魅力がたっぷりの瀬戸内で、滞在時間を延ばしてもらうことに力を入れて動いているという。

中山間地域の振興

イノベーションの推進や滞在型観光へのシフトなど、数々の攻めの政策を打ち出す湯﨑知事。一方で広島が抱える問題にも正面から取り組んでいる。その一つが中山間地域の過疎問題。特に広島県は山間部や島しょ部が多く、県土の7割が中山間地域。過疎化・高齢化・人口減少対策と中山間地域の振興は、広島県でも大きな課題だ。

ボス 中山間地域の価値とは、豊かな自然であったり、人の絆であったり。そういうことを大事にしながら、地域の活性化をしたいという人を育てていくことが大事かなと思っています。

以前は、振興策で橋や道路を造っていたが、それでは変わらない。そこにないものをつくるのではなく、あるものを生かす発想に変えた。解決の糸口を見つけるために知事がスタートしたのが、「ひろしま『ひと・夢』未来塾」。知事が塾長となって、県内外で活躍している地域づくり実践者を講師に迎え、座学や宿泊研修を通して、地域の担い手を育てる取り組みだ。

未来塾の1期生は、すでに地域で活躍している。

その一つが、世羅郡世羅町の今高野山の参道に残る、築170年の宿坊を改築したカフェ「雪月風花福智院」。三重県出身の吉宗五十鈴さんが始めたもので、カフェのメニューは世羅産の茶葉を使った珍しい和紅茶など、地元の食材をふんだんに使ったものばかり。地元の人たちにも愛されている古民家風カフェだ。「ちゃんとビジネスとして成り立ち、また、雇用を増やして、若い人がここに魅力を感じ、仕事に来れるようにしたい」と頑張っている。

広島が抱える問題や未来に向けた成長戦略などでリーダーシップを発揮し、広島の舵を取ってきた知事。

三四郎　今後の目標は?

ボス　「広島県が日本一良いな」と思ってもらえるようなところにしたい。「広島県に生まれ、育ち、住み、働いて良かった」と心から思える広島県を実現したいですね。

三四郎　広島の人は地元愛が強いですよね。

ボス　あぁ、それはありますね。LOVE広島という……。

三四郎　僕らは東京なので、ないんですよ、それが。

ボス　東京都民会って、聞かないですね。広島に移住したら都民会を経験できますよ。

三四郎　思い切った決断で、広島に住むかなぁ……。

あとがき

「Ｄｅａｒボス」事始め

「Ｄｅａｒボス」番組プロデューサー　山下 浩史

２０１８年春に始まる新番組の内容を白紙から考えていたある日、たまたまある現役社長と雑談する機会がありました。今は順調な会社経営をされていますが、一時は倒産寸前に陥り、何億もの負債を抱え、ほとんど裸一貫になりかかったこともあるという、ジェットコースターのような人生経験の持ち主でした。サラリーマンでは経験しないであろう（経験ご遠慮したいです）、ドラマのような話に一気に引き込まれました。

トップとしての重責を背負う孤独と喜び、浮沈の中で得られた教訓、ボスならではの人生の機微にもっと触れてみたい！　そんなことをスタッフに話したところから、「Ｄｅａｒボス」の企画はスタートしました（ちなみに、その方にはまだご登場いただいていません）。

今後も「Ｄｅａｒボス」のカメラは、普段見ることのできないボスの懐にどんどん潜入していきます。ボスの会社やプライベートを覗き見感覚で楽しむも良し、リクルートの参考にするも良し、ボスの数だけ存在する、見ごたえのある人生ドラマを、まずはご堪能ください！

空想から始まる番組づくり

「Ｄｅａｒボス」初代 企画・演出　味元　崇

私はテレビ番組をつくるとき、仮説を立てたり空想を抱いたりしながら始めます。この物語の結末はどうなるのだろうか？と想像し、予想通りになれば自分の勘の良さにほくそ笑み、意外な展開なら素直に驚き、常にワクワクしながらつくっています。

「Ｄｅａｒボス」という番組は、このプロセスがきわめて楽しい番組です。各界のアグレッシブなボスたちが、いかにしてそのポジションに上り詰めたか、ヒット商品やサービスをどのように生み出したのか、この先どうやってさらなる成長をめざすのか、全部自分なりに考えながら番組制作を進めています。

これまでに経験したことのない業界のことを想像するのは、なかなか大変です。しかし、自分が社長やトップになったつもりで、具体的な戦略を考えると、いろいろな気づきが出てきます。このプロセスを行うことで、なんだか他人の人生を生きているような感じになって、得した気分になるだけでなく、知らず知らずのうちにトップの考え方が身についてい

きます。なんとも、ありがたい番組をつくらせてもらっています（笑）。

番組開始から1年半余り。その間たくさんのボスたちに密着しましたが、あらためて考えると、ある共通項に気づきました。それは、どのボスも〝勉強家〟かつ〝情熱家〟だということです。

〝勉強家〟というと堅苦しい感じがしますが、本人たちは勉強している感覚が薄いということも共通しています。とにかく好奇心が旺盛で、興味のある事柄が多い。その結果、いつの間にか自然に多くのことを学んでいるのです。

〝情熱家〟はもうそのまんまですが、明確な夢を持っていて、それを内に秘めるのではなく、公言して味方を増やしているボスが多かったと思います。

そしてポイントは、この両方を兼ね備えているという点です。知識や情報を蓄えても仲間と共有できる夢がなければ、ボスになりえませんし、夢だけ語って中身が伴わなければ、これもまたトップにはなれません。組織の大小にかかわらず、この二つが高い次元で両立しているボスは、本当に魅力的だと思います。

ところで、今回書籍化にあたり、番組立ち上げ時の企画書をあらためて見てみました。

そこには「若者たちから野心が消えているのでは？」「ボスたちのあくなき向上心と成功体験を見せることで、広島の未来にパワーを！」などの言葉が綴られています。

今このコンセプトを見ると、いかにその時点での自分の視野が狭かったかが分かります。というのも、〝ボス＝経済的・社会的成功をおさめた人〟という、ステレオタイプな発想が根底にあったことに気づいたからです。

1年半の間にお会いしたボスたちから教わったことは、「時代は刻々と変化していて、ボスに求められる資質やボスになって得られる喜びも、どんどん変わってきている」ということでした。ですので、今後は「新たな世代の、新しい形のボスも取材していきたい」というのが、今の気持ちです。

そして、三四郎はお笑い界の頂点を、番組は広島バラエティ界のトップをめざして、ますますボスたちから薫陶（くんとう）を賜りたいと思います。

番組スタッフ
プロデューサー／山下 浩史（広島テレビ放送）
増田 琢二（広島放送）
企画・演出（初代）／味元 崇（広島テレビ放送）
ディレクター／渡邉 英展、湯浅 公典、畝本 晃実、斎藤 哲、
山根 幸恵（広島放送）
Special Thanks　平田 秀一（広島テレビ放送）

取材／野村 恵利子
装幀／クリエイティブ・コンセプト
本文DTP／角屋 克博、大原 剛
表カバー写真／中野 一行
編集／本永 鈴枝

＊本書の編集にあたり、掲載企業および関係者の皆さまから多大なるご協力をいただきました。
お礼を申し上げます。

Dear ボス トップの秘密 のぞき見バラエティ

2020年1月15日　初版第1刷発行

著　者　広島テレビ放送 株式会社
発行者　西元 俊典
発行所　有限会社 南々社
〒732-0048 広島市東区山根町27-2
電話 082-261-8243　FAX 082-261-8647

印刷製本所　株式会社 シナノ パブリッシング プレス

ISBN978-4-86489-109-7